# CRIMINOLOGÍA VIAL

## JUAN ANTONIO CARRERAS ESPALLARDO

∞ ∞ ∞

## JOSE MARÍA GONZÁLEZ GONZÁLEZ

# CRIMINOLOGÍA VIAL

Criminología y Justicia Editorial

Grupo Criminología y Justicia

Observatorio Criminológico de la Seguridad Vial

Julio 2016

*Criminología vial*

Autores:

Juan Antonio Carreras Espallardo

Jose María González González

Edición a cargo de:

GRUPO CRIMINOLOGÍA Y JUSTICIA

A través de:

CRIMINOLOGÍA Y JUSTICIA Editorial

www.grupo.crimyjust.com

dirección@crimyjust.com

ISBN-13: 978-1535352901

ISBN-10: **1535352906**

— — — — — — — —

Ilustración de portada: Adrián Rodríguez González

# ÍNDICE

# PRÓLOGO

## MARÍA SEGUÍ GÓMEZ

### DIRECTORA DE LA DIRECCIÓN GENERAL DE TRÁFICO.

Es para mí un honor prologar esta obra que bajo el título de Criminología Vial han desarrollado los criminólogos Juan Antonio Carreras Espallardo y Jose María González González, que además se da la coincidencia de que son policías locales ambos, aunque ejercen sus funciones profesionales en municipios tan distantes como Molina de Segura (Murcia) el primero y Coria (Cáceres) el segundo. Ellos saben lo complicado que es el trabajo en seguridad vial ya que son los primeros intervinientes tras un suceso vial, por ello pueden aportar una información muy valiosa y empírica.

Los autores definen en esta obra conceptos que aunque desconocidos por una gran parte de la sociedad, es cierto que poco a poco se van asentando en el vocabulario vial de nuestros usuarios de las vías. Términos como criminología vial y siniestro vial van siendo reforzados cada día por todos los que estamos verdaderamente implicados en buscar soluciones en materia vial, buscando fórmulas que reduzcan cada año el número de fallecidos en nuestras carreteras y de las personas que no habiendo perdido la vida, quedan en una situación desfavorable tras un siniestro vial. Pero no solamente ellos, también sus familias y víctimas secundarias y terciarias que reciben el impacto victimizante del suceso vial.

Buscamos fórmulas para que nuestros conductores no cometan delitos contra la seguridad vial. A través de la criminología vial se están estudiando nuevas iniciativas para evitar en primer lugar que cometan el delito, pero si ya es inevitable, buscamos que no reincidan.

Carreras y González han aunado en esta obra, pionera en la materia, conceptos totalmente nuevos en materia de criminología vial y además cuestiones como la intervención con el conductor, victimología, política criminal en materia de seguridad vial, prevención de los delitos contra la seguridad vial, la educación vial como primer pilar de la política criminal de seguridad vial y el informe criminológico forense en delitos contra la seguridad vial.

Como directora de la Dirección General de Tráfico, acepto encantada prologar esta obra y espero que sea un buen comienzo para bajar todavía más el número de víctimas de nuestras carreteras, por eso desde la Dirección General siempre apoyaremos iniciativas que sumen y que sean beneficiosas para todos.

# 1. INTRODUCCIÓN AL TEMA DE ESTUDIO

La siniestralidad vial es un problema global que afecta a todos los sectores de la sociedad. Este fenómeno conlleva unas consecuencias económicas, sociales y, en ocasiones, jurídicas, que exigen la participación activa y decidida del Estado, desde la formulación de políticas públicas en relación con las infraestructuras, la salud, la educación, la administración de justicia y de todos aquellos sectores involucrados (Nazif y Pérez, 2009). En este sentido, la gravedad de ciertas conductas temerarias al volante, planteó la necesidad de constituirlas en delitos, obedeciendo a una demanda social que expresa de por sí la máxima calificación de repudio social. Pero realmente, se trata de un empeoramiento de esta situación o más bien, de un cambio de actitud social y fundamentalmente de los poderes públicos, ¿con un exceso de judicialización? La actualidad la seguridad vial se acuña con el término tolerancia cero, o lo que es lo mismo, persecución de los conductores infractores que con su conducta ponen en peligro la seguridad de los demás.

La situación ha cambiado notablemente en los últimos años y de forma más acusada en el período más reciente, influenciado por la entrada de una de las últimas reformas del C.P. que afectó a los delitos contra la seguridad vial. Una nueva etapa se abre con la aprobación de la L.O. 15/2007, de 30 de noviembre, apareciendo en escena la Criminología Vial, una interpretación de los fenómenos viales desde una perspectiva criminológica, con el fin de detectar cual será el camino más acertado para que las infracciones o conductas reprochables, existentes cada día en nuestras vías, no acaben con la vida de las personas.

Antes de profundizar en qué es la criminología vial hay que decir que estamos hablando de una disciplina dentro de las modernas criminologías específicas[1], que está empezando a tener su auge y se le está empezando a valorar por parte de algunas personas que creen que es necesaria su intervención en todo lo relacionado con los siniestros viales. Al ser novedoso nos vemos en que no hay nada escrito sobre ella, no sólo en nuestro país, sino en ningún otro; aunque existen algunos trabajos o estudios científicos que versan sobre la agresividad en la conducción, o algunos sobre los perfiles de delincuentes viales, pero sólo tratando algunos aspectos específicos en el tema que nos ocupa, y no existiendo un tratado o manual que describa los aspectos criminológicos generales en seguridad vial. La Criminología Vial es la ciencia que estudia los delitos contra la seguridad vial como fenómeno social e individual, e incluye básicamente el estudio de sus causas y la medición de su extensión. Pero no solo se centra en la delincuencia vial en sentido estricto sino que también actúa sobre las conductas antisociales y la reacción que provocan en las vías, lo que se conoce con el nombre de "comportamiento desviado".

Entonces, la criminología vial se ocupa del estudio y la prevención de los comportamientos delictivos y desviados dentro de las vías, de las formas de control social (formal e informal) y de la reacción social frente a estos comportamientos. Sin olvidar, por supuesto, a las víctimas, que son las grandes perjudicadas de todo

---

[1] HIKAL C., Wael S. (2013) *"Teoría de las Criminologías Específicas"* Revista Digital de Criminología y Seguridad. TEMA'S. Año I, Número 05. (p. 92-101).

el entramado vial, ellas por el contrario del delincuente o causante, no han buscado la situación final.

Como vemos esta disciplina va encaminada al estudio y tratamiento del delincuente vial o conductor antisocial y a intentar restituir la victima a su estado original antes del siniestro, tarea que es sumamente difícil.

Y gracias a que la criminología es una ciencia empírica e interdisciplinar, la criminología vial se nutre de multitud de ciencias y disciplinas, (una gran ventaja que tenemos los criminólogos), que podemos aplicar y estudiar métodos diversos para su estudio. Así, por ejemplo, interviene la sociología, la política criminal en seguridad vial, victimología vial, criminología ambiental, derecho penal y procesal, etc.

En 1970 el Dr. Willian Haddon, epidemiologo estadounidense, propuso una Matriz (Figura 1) formada por dos dimensiones, la primera compuesta por las fases del siniestro vial: antes, durante y después y los factores intervinientes en el siniestro: humano, vehiculo y vía.

La matriz permite interconectar ciencias diferentes y disciplinas diversas, pero que están vinculadas por tener en su campo de estudio aspectos de la siniestralidad vial.

Lo que nos establece un campo enorme para empezar a estudiar. Esta matriz, aunque sea ya clásica (pero en la actualidad constituye la clasificación más extendida y utilizada en la materia), sigue poniendo en valor los aspectos más relevantes de las fases de un siniestro vial; y al igual que otras materias que estudian la seguridad vial, la criminología vial debe regirse por lo establecido en ella, ya que nos hace de guía y nos establece el camino a estudiar.

| MATRIZ DE HADDON: FACTORES DE RIESGO ¿DÓNDE INTERVENIR? | | | | |
|---|---|---|---|---|
| ¿CUÁNDO INTERVENIR? | PERSONA (huésped) | VEHÍCULO (vector) | MEDIO AMBIENTE | |
| | | | FÍSICO (vía) | SOCIOECONÓMICO |
| PRE-EVENTO | Alcohol y/o drogas, experiencia al volante, fatiga, etc. | Velocidad, inestabilidad, sistemas de frenos, ruedas, etc. | Diseño vía, estado superficial, condiciones climáticas | Legislación, exceso de velocidad, uso de cinturón de seguridad, permiso de conducción, etc. |
| EVENTO | Uso cinturón, casco, enfermedades previas. | Velocidad, masa y geometría del vehículo, rigidez, airbag. | Objetos en la vía, mediana, postes. | Legislación y situación del mercado de vehículos, observancia límites de velocidad. |
| POST-EVENTO | Otras enfermedades previas, edad, etc. | Peligro incendio o explosión, capacidad extracción, etc. | Proximidad a la asistencia sanitaria. | Disponibilidad y rapidez de asistencia sanitaria y rehabilitación, sistema de seguro médico, calidad asistencial. |

Figura 1: Adaptado de Mackenzie y Fowler, 2000.

## 2. OBJETIVOS

Como ya hemos explicado anteriormente, la Criminología Vial se basa en el desarrollo de una nueva disciplina dentro de la criminología, que aplica el saber criminológico a la seguridad vial, nunca antes hecho. Cuyo objetivo principal es el estudio e investigación de los fenómenos viales, ya sean desde la óptica del conductor, víctima o la prevención.

Con ello conseguiremos aplicar soluciones reales y efectivas para:

- En un primer lugar, la evitación de delitos contra la seguridad vial y siniestros viales.

- Y en un segundo lugar, tras la producción del delito o siniestro, conseguir que el conductor pueda volver a conducir con todas las garantías y no vuelva a ser un peligro para la circulación; y con lo que respecta a la víctima, que es la gran olvidada en todo el entramado vial, intentar que vuelva a su vida normal antes del siniestro vial, ayudándola en todo lo posible y actuando en todo lo que necesite para la consecución de ese objetivo, difícil de conseguir.

## 3. ¿QUÉ ES LA CRIMINOLOGÍA VIAL?

Antes de profundizar en la definición de criminología vial, vamos a definir los dos conceptos (criminología y seguridad vial) por separado para poder comprender mejor a posteriori cuál es su significado en común y su campo de actuación.

LA CRIMINOLOGÍA *es la ciencia que estudia el delito como fenómeno social e individual, e incluye básicamente el estudio de sus causas y la medición de su extensión; a la vez, que contribuye de forma decisiva a las formas de control y prevención del delito, o sea, a la Política Criminal* (Serrano Maillo, 2009). Pero la criminología no solo se centra en la delincuencia en sentido estricto sino que también actúa sobre las conductas antisociales y la reacción que provocan en el medio, lo que se conoce con el nombre de "comportamiento desviado". Entonces, la criminología se ocupa del estudio y la prevención de los comportamientos delictivos y desviados, de las formas de control social (formal e informal) y de la reacción social frente a estos comportamientos. El concepto más extendido y estudiado es el de "ciencia empírica (de la práctica) y multidisciplinar, que tiene por objeto el estudio del crimen, del delincuente, de la víctima y del control social del comportamiento desviado del individuo", nace con la finalidad de conocer, dar información real de esos objetos de estudio, intenta averiguar cuál es el origen, la etiología, el desarrollo y las variables que intervienen en el fenómeno criminal. Aporta conocimientos, si son verificados, sistemáticos y ciertos, porque en el método de estudio predomina más lo práctico que lo normativo. En el estudio de la siniestralidad vial, la criminología, basada en una nueva disciplina de criminología vial, trata de ofrecer soluciones prácticas, en base a experimentos reales y a la observación, desarrolladas en la carretera, tanto urbana como interurbana, para tratar de reducir el número de siniestros viales y por ende, de víctimas.

Y la SEGURIDAD VIAL como un "Conjunto de condiciones que abarcan múltiples factores (institucionales, legales, normativos, de infraestructura, factor humano, vehículo y asistencia de servicios de emergencia y médicos), que permiten que el transporte viario se realice con el mínimo riesgo de sufrir un siniestro vial y, en caso de que éste se produzca, con las menores consecuencias posibles"

Por todo lo anterior podemos definir la **CRIMINOLOGÍA VIAL** como:

*La criminología vial es una disciplina criminológica encaminada al estudio y prevención de los delitos contra la seguridad vial, y a la resolución de todo conflicto que surja tras un siniestro vial; actuando sobre los comportamientos delictivos o desviados dentro de las vías, a la restitución de la victima a su estado original; haciendo hincapié en las formas de control social, tanto formal e informal y a la reacción social que causan los siniestros viales.*

Al ser una disciplina nueva en estudio, la Criminología Vial propone una serie de conceptos para desarrollar con más rigor científico esta nueva rama de la criminología y son:

## SINIESTRO VIAL: NUEVA NOMENCLATURA DE LOS ACCIDENTES DE TRÁFICO

Accidente es cualquier suceso eventual que altera el orden regular de las cosas. El accidente es, pues, lo contrario a lo normal, y cualquier cosa que modifique la forma natural de la circulación de un vehículo puede considerarse accidente. Sin embargo, se distingue entre accidente y avería. La avería corresponde a daño, perjuicio o deterioro que impide la marcha normal de un vehículo, cualquiera que sea la causa o la consecuencia, o afectan a su alumbrado, quedando aquél en posición normal sobre la carretera y sin daños para terceros.

El accidente de circulación es cualquier evento en el que se dan las siguientes circunstancias:

- Que se produzca en una vía abierta a la circulación pública o tenga en ella su origen.

- Que a consecuencia del mismo resulte una o varias personas muertas o heridas y/o daños materiales. El vehículo que derrapa en la calzada y queda en posición invertida sin que se produzcan daños personales ni materiales, no es un accidente de circulación.

- Estar implicado, al menos, un vehículo en movimiento. Un objeto caído sobre un vehículo estacionado, el vehículo que se incendia solo estando parado, la apertura de una de las puertas del vehículo que golpea a un peatón no son, pues, accidentes de circulación.

Además, hay que tener en cuenta que un accidente de circulación, para ser tratado como tal, ha de ser fortuito. Si por el contrario fuese intencionado, ocasionado por un acto querido por el causante del mismo, no sería un accidente de circulación, sino un delito doloso (de homicidio común, lesiones o similares). Así, por ejemplo, el caso del conductor que utilizando el vehículo mata a su víctima (por ejemplo peatón) atropellándola deliberadamente, no se consideraría accidente de circulación como es obvio.

Los especialistas en este fenómeno descubrieron ya hace mucho tiempo que los accidentes no son en absoluto acontecimientos fortuitos, inevitables, impredecibles y dependientes de la suerte, sino que por el contrario en la inmensa mayoría de los casos siguen parámetros característicos de distribución; es decir, el accidente globalmente es siempre una consecuencia de algún fallo evitable y hasta cierto punto predecible del sistema (Montoro y Toledo, 1997)

El TÍTULO VI "Del Registro Nacional de Víctimas de Accidentes de Tráfico" de la Ley sobre Tráfico, Circulación de Vehículos a Motor y Seguridad Vial, aprobado por el R.D. Legislativo 339/1990, de 2 de marzo, crea el Registro Nacional de Víctimas de Accidentes de Tráfico. Establece que las Comunidades Autónomas con competencias en materia de tráfico y circulación de vehículos a motor podrán crear, respecto a sus ámbitos territoriales, sus propios

Registros de Víctimas de Accidentes de Tráfico. En el Registro Nacional de Víctimas de Accidentes de Tráfico figurarán únicamente aquellos datos que sean relevantes y que permitan disponer de la información necesaria para determinar las causas y circunstancias en que se han producido los accidentes de tráfico y sus consecuencias.

## HACIA UN CONCEPTO DE SINIESTRO VIAL

Si tenemos en cuenta los tiempos actuales, los avances del tráfico y sobretodo de sus normas, principalmente las penales, con la tipificación de los delitos contra la seguridad vial y otros relacionados con los siniestros viales, el término accidente va dejando de ser correcto para referirse a estos hechos, ya que estamos diciendo que es algo que tiene que ver con el azar o la casualidad y como sabemos tiene poco de fortuito y eventual, sino más bien de evitable y negligente.

En la definición de criminología vial hablamos de siniestro vial y no de accidente de circulación o tráfico como se defiende en la Orden INT/2223/2014, de 27 de octubre, por la que se regula la comunicación de la información al Registro Nacional de Víctimas de Accidentes de Tráfico y anteriormente en la derogada Orden Ministerial de 18 de Febrero de 1993.

J. Stannard Baker, en su famoso manual de investigación de accidentes de tráfico, que ha servido de guía para infinidad de investigadores, define el accidente de circulación como un suceso eventual, producido con ocasión del tráfico, en el que interviene alguna unidad de circulación y como resultado del cual se produce muerte o lesiones en las personas o daños en las cosas. Por su parte el magistrado Miguel López-

Muñiz Goñi (2004), en su manual de accidentes de tráfico, lo define como «cualquier evento como resultado del cual el vehículo queda de manera anormal, dentro o fuera de la carretera, o produzca lesiones en las personas o daños a terceros».

Como vemos es necesaria una redefinición del término más consecuente con la realidad victimal. Los accidentes de tráfico o circulación (hechos de tránsito o hechos viales en países sudamericanos) pasarían a llamarse siniestros de tráfico o viales (suceso vial), con unas características especiales:

1) **Infracción vial**, cuando se producen daños, heridos o fallecidos e influye el factor humano (delitos contra la seguridad vial, homicidio y lesiones imprudentes).

2) **Accidente de tráfico**, si se debe a factores ajenos al humano. Ya es raro, por ejemplo cae un árbol por el viento.

3) **Agresión vial**, si existe una intención de dañar, herir o matar. Son delitos comunes de homicidio y lesiones del Código Penal español.

El siguiente gráfico representa las distintas modalidades:

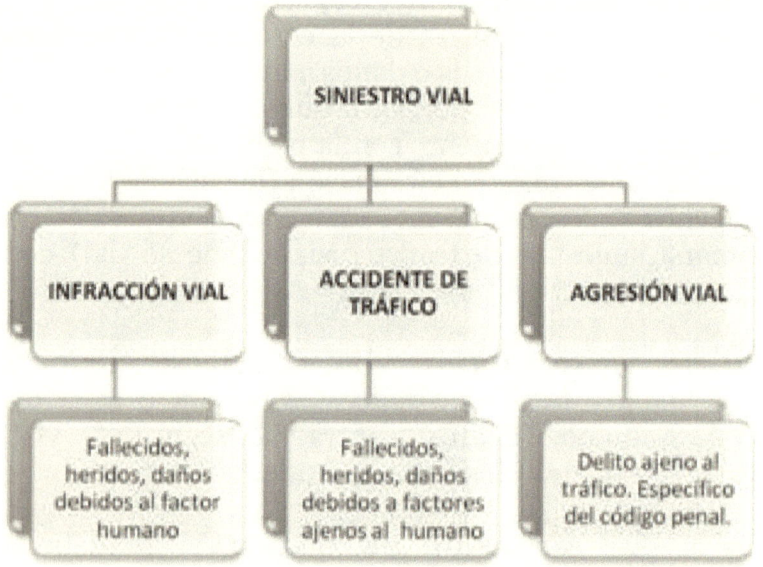

Figura 2: Siniestro vial y sus diferentes consideraciones

Los intentos por consolidar una definición del accidente de tráfico en sentido genérico de forma unánime son numerosos, pero es muy complicado. Máxime cuando están involucrados tantos países. Podríamos decir que Osvaldo A. Cuello Videla ha establecido qué es un "accidente de tránsito" y qué son los "siniestros viales" en sentido científico y yo me he centrado en justificar principalmente la segunda definición desde la vertiente social criminológica, más cerca de las víctimas que de los investigadores criminalistas.

Osvaldo A. Cuello Videla establece que dentro de la Criminalística contamos con la Accidentología vial como disciplina que "se encarga del estudio referido a la participación y protagonismo de todo aquello vinculados a los momentos inmediatos, mediatos y posteriores de un accidente de tránsito y se ocupa del reconocimiento, localización, rescate y estudio de todos los elementos o indicios para determinar la mecánica del hecho y sus causas". Así pues su objeto de estudio es "el accidente de tránsito" como hecho puntual, individual y particular. No tendría sentido redefinir el término para denominarlo siniestrología vial que estudia el siniestro vial, sabemos perfectamente que en este ámbito de actuación la nomenclatura es correcta. Es un "término criminalístico", que puede o no coincidir con otras ciencias. Y a partir de allí "Siniestro Vial" pasará a ser un "término criminológico", teniendo en cuenta la criminología vial como disciplina de las modernas criminologías específicas que defienden entre otros autores: Juan Antonio Carreras Espallardo, Wael Sarwat Hikal Carreón, Osvaldo A. Cuello Videla, José Manuel Servera Rodríguez, José María González González, Juan José Martínez Bolaños, Mario Murrieta Fournier y Laura Gómez García.

## SEGURIDAD VIAL QUINARIA

Ya hemos comentado antes la definición de seguridad vial, pero no hemos hablado de su desglose, la cual se divide de la siguiente manera:

**1. La Seguridad Vial Primaria:** pretende evitar que se produzca el siniestro vial, e implica, estrategias, intervenciones y medidas dirigidas hacia la prevención; socializando al conductor y demás usuarios de las vías.

**2. La Seguridad Vial secundaria:** tiene como objetivo minimizar consecuencias en caso de que se produzca el siniestro, interviniendo en la estructura de la red viaria y en las medidas de seguridad de los vehículos.

**3. La Seguridad Vial Terciaria:** está constituida por aquellas estrategias y/o intervenciones que se ponen en práctica una vez ocurrido el siniestro vial.

**4. La Seguridad Vial Cuaternaria:** encaminada a la atención de las victimas (ya sean primarias o secundarias  y a la reinserción de las mismas en la sociedad.

La clasificación expresada anteriormente, está actualmente consolidada y es usada cotidianamente en el campo de la educación y seguridad vial, pero no contiene nada en lo relativo a la reeducación y reinserción del conductor, y no se le puede englobar en ninguno de los cuatro puntos expuestos en la definición.

Podríamos incluirle en la seguridad vial primaria, pero no sería del todo correcto, ya que el conductor está socializado vialmente, pero esa socialización es errónea o incorrecta, y necesita otro tipo de intervención con él, para que pueda integrarse de nuevo en la sociedad vial y convivir en ella de forma responsable.

Por eso proponemos un quinto punto a la clasificación mencionada:

**5. La Seguridad Vial Quinaria:** encaminada a la reinserción y reeducación del conductor antisocial y desviado.

## INSEGURIDAD VIAL

Antes de empezar a desarrollar este apartado cabe destacar la diferencia que hay entre delincuencia e inseguridad ciudadana (dos conceptos diferentes pero que están relacionados), en la que delincuencia la podemos considerar como un hecho que constituye un factor de inseguridad objetiva y como inseguridad ciudadana, la cual se puede definir como "una sensación", con un carácter subjetivo que sufre o sufren las personas en ciertos momentos o lugares.

Sabiendo diferenciar los conceptos observamos que la inseguridad ciudadana es una sensación que tenemos sobre un fenómeno delincuencial concreto y en el que, o podemos considerarlo como un problema de la sociedad o lo sentimos más profundamente y lo vemos como una amenaza, agresión o incluso podemos tener miedo de ese hecho en cuestión.

La inseguridad ciudadana, como hemos visto, no se percibe por igual a todas las personas, cada una tiene una visión diferente sobre una misma situación; pero esa inseguridad se produce por las negligencias o temeridades de personas o colectivos.

Una vez explicado que es y en qué consiste la inseguridad ciudadana, vamos a extrapolar estos términos a la seguridad vial.

Revisada la literatura científica al respecto, observamos que hay varias definiciones de qué es la inseguridad vial, pero sólo desde la óptica de la accidentología vial, las cuales son:

- Inseguridad vial activa o riesgo activo, que se refiere a las causas de los siniestros.

- Inseguridad vial pasiva o riesgo pasivo, que se refiere a las causas de los daños y las victimas.

Pero como vemos estas definiciones no tienen nada que ver con la aplicación del término de inseguridad ciudadana a la seguridad vial. Están enfocados a la criminalística y no a la criminología.

El término inseguridad vial se viene utilizando de manera errónea o poco científico, se usa para decir que la seguridad vial existente es poca o nula, en relación a algún siniestro vial, al mal comportamiento de los conductores, etc.

Lo que se pretende, es definir y aclarar esta terminología, siempre desde la visión criminológica y especialmente de su disciplina, la criminología vial, y definir y especificar qué es la "inseguridad vial".

El problema de por qué no se ha definido correctamente puede deberse a que la delincuencia vial o las conductas antisociales en el tráfico rodado causan una menor sensación de inseguridad con respecto a otros delitos, aunque sabemos que estos delitos son más peligrosos y que están más extendidos que otro tipos de delitos.

La INSEGURIDAD VIAL se puede definir *"como un fenómeno sociovial, en el que las conductas antisociales y delincuenciales en el tráfico viario, hacen que los usuarios de las vías tengan una percepción o sensación de ausencia de seguridad vial cuando ejercen como usuarios de las mismas, llegando a la existencia de creer que corren peligro u observan un riesgo que les puedan llegar a dañar o agredir, materializándose en un siniestro vial".*

La inseguridad vial al igual que la inseguridad ciudadana está compuesta por la inseguridad vial objetiva y la subjetiva.

Considerándose la inseguridad vial objetiva a la vulnerabilidad que experimenta el usuario de la vía y su nivel de exposición cierta y concreta a sufrir o verse implicado directamente en un siniestro vial.

Y como inseguridad vial subjetiva podríamos definirla como la percepción o miedo difuso que tiene el usuario de la vía a sufrir o verse implicado en un siniestro vial. (Muy común en las personas que sufren amaxofobia).

## CRIMINALÍSTICA VIAL

Poco a poco vamos desarrollando el estudio de la criminología vial y los diversos factores que intervienen en ella para intentar atajar el suceso traumático que provoca el siniestro vial. Sabíamos que llegaría el momento en que tendríamos que definir la criminalística vial, como ya ocurrió en su día con la diferencia entre criminología y criminalística, que no son lo mismo aunque haya un sector de la sociedad que así lo piense. Por lo tanto es necesario aclararlo.

La criminología es la ciencia que estudia el delito, el delincuente, la víctima y el control social, tanto formal como informal, del comportamiento desviado. La criminología actúa desde la perspectiva social fundamentalmente, observando y buscando soluciones para paliar los déficits observados. Según Wikipedia la criminología es la "disciplina que estudia las causas del crimen y preconiza los remedios del comportamiento antisocial del hombre. La criminología es una ciencia interdisciplinaria que basa sus fundamentos en conocimientos propios de la física, química, sociología, psicología y la antropología, tomando para ello el marco teórico de la medicina y el derecho penal. Las áreas de investigación criminológicas incluyen la incidencia y las formas de crimen así como sus causas y consecuencias...".

Por el contrario, la criminalística es la "disciplina que usa un conjunto de técnicas y procedimientos de investigación cuyo objetivo es el descubrimiento, explicación y prueba de los delitos, así como la verificación de sus autores y víctimas. La criminalística se vale de los conocimientos científicos para reconstruir los hechos. El conjunto de disciplinas auxiliares que la componen se denominan ciencias forenses...". En los últimos años esta disciplina ha adquirido gran protagonismo a través de series de televisión como C.S.I. (Crime Scene Investigation).

En resumen, la criminología se ocupa del estudio del problema criminal y la criminalística se encarga de llegar al delincuente una vez haya cometido el delito.

Una vez hecha la necesaria introducción donde se aclaran los dos conceptos base llega el momento de definir las disciplinas y diferencia entre criminología vial y criminalística vial. Como ya definimos recientemente, la criminología vial es una disciplina criminológica encaminada al estudio y prevención de los delitos contra la seguridad vial y a la resolución de todo conflicto que surja tras un siniestro vial; actuando sobre los comportamientos delictivos o desviados dentro de las vías, a la restitución de la víctima a su estado original; haciendo hincapié en las formas de control social, tanto formal como informal y a la reacción social que causan los siniestros viales.

Por su parte, la criminalística vial estudia los siniestros viales y los delitos relacionados con la seguridad vial, buscando pruebas en la escena del suceso para reconstruir el siniestro y proceder a la detención o imputación de los responsables. Usando una Técnica Policial específica para este tipo de hechos que consiste en una serie de medios y procedimientos científicos encaminados al descubrimiento e investigación de los delitos.

Sabiendo que el éxito de la investigación, tiene sus cimientos en el adecuado trabajo que se realice en el lugar del suceso y la aplicación de una correcta metodología, que permitirá obtener información fidedigna respecto al delito y de su autor o autores, para poder esclarecer los hechos que acaecieron y poder poner a disposición judicial al autor o autores del mismo.

La **accidentología vial**, conocida también como investigación de siniestros viales, de accidentes de tráfico o de hechos viales, está más próxima a la criminalística en el plano del delito y al delincuente como infractor y la criminología vial a la víctima y al delincuente como objeto de estudio reinsertable. Podemos decir que la accidentología vial utiliza métodos de criminalística vial.

En definitiva, la criminalística vial es la parte de la criminología vial (aunque no se niega que criminología y criminalística son ciencias distintas) que utiliza técnicas de policía científica[2] para reconstruir e investigar los siniestros viales, ofreciendo información valiosa al sistema judicial, policial y a la propia

---

[2] Conjunto de principios y fundamentos científicos, aplicados técnicamente por la Policía a la investigación del delito, circunstancias que lo determinan e identificación de los autores.

criminología vial. Para la criminalística vial, según Fernando Ramírez: "Una cosa es de vital importancia: la adecuada preservación de la escena y la preservación de la evidencia que se encuentra dentro de ella, ya que sin adecuado manejo de ésta el caso se podría venir abajo... La criminalística es conocida como la ciencia de las minucias o el pequeño detalle, debido a que llegan a ser estos los pequeños detalles que le pueden dar un giro de 180° a nuestra investigación, o nos podrán dar una línea de investigación que seguir."

Al igual que en la criminalística en general, la criminalística vial se basa bajo siete principios de naturaleza científica, aplicables en el campo de acción de la seguridad vial y que son:

1.   Principio de uso: en los hechos que se cometen o realizan siempre se utilizan agentes mecánicos, químicos, físicos o biológicos.

2.   Principio de producción: en la utilización de agentes mecánicos, químicos, físicos o biológicos para la comisión de los hechos presuntamente delictuosos, siempre se producen elementos materiales en gran variedad morfológica y estructural y representan elementos reconstructores e identificadores.

3.   Principio de intercambio: al consumarse el hecho y de acuerdo con las características de su mecanismo se origina un intercambio de indicios entre el autor, la víctima y el lugar de los hechos o, en su caso, entre el autor y el lugar de los hechos.

4.   Principio de correspondencia de características: basado en un principio universal establecido criminalísticamente: "La acción dinámica de los

agentes mecánicos, vulnerantes sobre determinados cuerpos dejan impresas sus características, reproduciendo la figura de su cara que impacta". Fenómeno que da la base científica para realizar estudios micro y macro comparativos de elementos-problema y elementos-testigos.

5. Principio de reconstrucción de hechos y fenómenos: el estudio de todos los elementos materiales de prueba asociados al hecho, darán las bases y los elementos para conocer el desarrollo de los fenómenos de un caso concreto y reconstruir el mecanismo del hecho o fenómeno, para acercarse a conocer la verdad del hecho investigado.

6. Principio de probabilidad: la reconstrucción de los fenómenos y de ciertos hechos que nos acerquen al conocimiento de la verdad, pueden ser con un bajo, mediano o alto grado de probabilidad o, simplemente, sin ninguna probabilidad. Pero nunca se podrá decir: "esto sucedió exactamente así".

7. Principio de certeza: y las identificaciones cualitativas, cuantitativas y comparativas de la mayoría de los agentes vulnerantes que se utilizan elementos que se producen en la comisión de hechos, se logran con la utilización de metodología, tecnología y procedimientos adecuados, que dan certeza de su existencia y de su procedencia.

La Criminalística se apoya en estos siete principios con objeto de realizar su aplicación con metodología científica en la investigación de hechos presuntamente delictuosos, contando con metodología propia para el desarrollo técnico de sus actividades y también con conocimientos generales sistemáticamente ordenados.

## DIFERENCIAS

La criminalística vial tiene como objeto de estudio el siniestro vial, en las evidencias del suceso o delito, las pruebas e indicios, en su recogida y análisis. Por el contrario, la criminología vial estudia las conductas desviadas del hecho vial, tanto del delincuente como de la víctima, tratando de reinsertarlos, indemnizarlos y restituirlos a un estado anterior al hecho, propiciando programas que eviten la reincidencia criminal.

La criminalística vial utiliza método científico, pruebas que serán valoradas en el juicio. En cambio a la criminología vial no le interesa tanto castigar al delincuente como buscar una solución a su problema, intentará aportar soluciones a su comportamiento desviado.

Evidentemente la criminología vial es más teórica que la criminalística vial, que es mucho más práctica en el lugar de los hechos, aunque ambas emplean la observación como punto común, al proceder de ciencias empíricas. La criminalística vial se basa en el método científico de la inducción y la criminología vial se apoya en la deducción, en el estudio de las conductas desviadas criminales.

A la criminalística vial le interesa el delito concreto y a la criminología vial le interesa el estudio de todos los delitos.

La criminalística vial actúa cuando el hecho vial se ha producido, le interesa detener a los culpables. La criminología vial lo hace mucho antes para intentar que no se produzca, le interesa estudiarlos para reinsertarlos.

# PREGUNTAS DE ORO DE LA CRIMINALÍSTICA Y CRIMINOLOGÍA VIAL

1. ¿Qué? ¿Qué ocurrió, fue un siniestro vial, un delito contra la seguridad, o ambos?

2. ¿Quién? ¿Quién fue el delincuente y quién fue la víctima?

3. ¿Cómo? ¿Cómo ocurrieron los hechos? Se investiga mediante la reconstrucción, con una buena inspección ocular.

4. ¿Dónde? ¿Dónde ocurrieron los hechos? Pueden ser varios lugares.

5. ¿Cuándo? La fecha y hora.

6. ¿Con qué? Los objetos que se utilizaron (vehículos, armas, etc.).

7. ¿Por qué? Busca conocer el motivo de los hechos (alcohol, drogas, enfermedades mentales, falta de preparación de conductor, motivación victimal, factores ambientales, geográficos, etc.).

Como ya hemos visto, a la criminalística vial le interesa ¿Qué? ¿Quién? ¿Cómo? ¿Dónde? ¿Cuándo? ¿Con qué? Y a la criminología vial le interesa ¿por qué? A estas habría que añadir dos más:

8. ¿Qué sintió la víctima? Y su papel en el iter críminis.

9. ¿Y ahora qué? La situación en que queda el caso tras el suceso.

Estas dos últimas irían referidas a la víctima y al victimario, a la primera para resarcirla y al segundo para reinsertarlo y evitar que delinca.

Cabe destacar, como anécdota, que estas preguntas de oro tienen su origen en un cuento de Rudyard Kipling, escritor nacido en la India en 1865, conocido por su libro "The Jungle Book" (El Libro de la Selva) que más tarde Walt Disney hiciera película infantil. Este escritor en su trabajo "Just so Stories" de 1902 en la narrativa del cuento "The Elephant's Child" tiene un poema que comienza así: "Tengo seis honestos sirvientes (me enseñaron todo lo que sé); sus nombres son Qué y Por qué y Cuándo y Cómo y Dónde y Quién". Como han podido comprobar, son seis interrogantes, pero en criminología hemos añadido alguno más.

Para finalizar, sepan que las famosas cinco W: Who? (¿Quién?), What? (¿Qué?), Where? (¿Dónde?), When? (¿Cuándo?), Why? (¿Por qué?), más una H How? (¿Cómo?),  son también las máximas del periodismo.

# 5. INTERVENCIÓN CON EL CONDUCTOR

Con el conductor se puede intervenir de dos formas, antes de cometer el delito y después. La información y concienciación es fundamental en ambas fases, dirigida a todos los sectores sociales. La criminología vial estudia todos los factores que tengan alguna relación con el siniestro vial y trata de dar una respuesta criminológica, fundada, equitativa y que por un lado sirva de componente retributivo y por otro resocializador o de reinserción. Aquí, el criminólogo estudia el caso y propone la pena más adecuada para el delincuente, con la finalidad de que no vuelva a reincidir; siguiendo el ejemplo de países como Francia e Inglaterra, donde se solicitan con asiduidad los dictámenes periciales criminológicos en los procesos de delincuencia vial. Gracias a la modificación que produjo la Ley Orgánica 15/2007, de 30 de noviembre, en el Código Penal, los dictámenes periciales criminológicos cogen aún más fuerza por ampliar la alternatividad penológica que permite elegir entre las penas de prisión, multa y trabajos en beneficio de la comunidad, adaptándolas como mejor proceda al infractor vial.

Y dentro de estas penas que se le pueden imponer al infractor nos encontramos con los trabajos en beneficio de la comunidad, denominados TASEVAL (talleres de actividades de seguridad vial), que se presentan como un conjunto de actividades de sensibilización y reeducación, directamente relacionado con el delito cometido por el infractor, personalizándolo y así conseguir el efecto deseado, que no es otro que conseguir que no reincidan en este tipo de delitos y que consigan resolver de una forma exitosa las situaciones que plantea el tráfico rodado sin repercutir negativamente en su conducta al volante.

# 6. PERFIL CRIMINAL DEL DELINCUENTE VIAL

Uno de los objetivos de la criminología vial, es la prevención, y para ello debemos saber en qué "grupo de riesgo" nos debemos centrar, por eso hay que dibujar un perfil del delincuente vial; pero antes de comenzar a dibujar ese perfil queremos quedar claro que: "en el tráfico viario todo conductor está próximo a la situación delictiva, cualquiera es un delincuente potencial; la línea entre delito o no, es muy próxima, la cual se puede cruzar en cualquier instante"[3] .

Dicho esto, lo bueno que tenemos para dibujar un patrón delictivo es que contamos con infinidad de datos estadísticos para ello. Podríamos afirmar que el perfil del infractor penal en materia de seguridad vial corresponde a los siguientes datos sociodemográficos:

- Son mayoritariamente HOMBRES.
- Solteros.
- De 22 a 35 años. (Aunque algunos estudios recientes dan otro intervalo de edad, de 35 a 45 años).
- Con una antigüedad del permiso de conducción de más de 5 años.
- Estudios inferiores a los universitarios.
- Siendo las infracciones que más cometen:
  o  la de circular sin permiso de conducción.
  o  y, conducir con una tasa de alcohol superior a la establecida.

---

[3] Günther Kaiser, 1978. "Estudios de psicología criminal: delincuencia de tráfico y prevención general". Ed.: Espasa.

Y basándonos en la literatura científica y en la experiencia piloto realizada en Elche (Alicante), con la colaboración del Ministerio Fiscal, el Centro de investigación CRIMINA y la Policía Local de Elche, sobre "dictámenes periciales" en materia de seguridad vial, podríamos decir que hay tres patrones o perfiles bien diferenciados, que son los siguientes:

**PRIMER PERFIL**
- PROBLEMAS CON EL ALCOHOL Y/O LAS DROGAS.
- DELINCUENTE OCASIONAL (en otros delitos).
- Y NO EXISTE CORRELACIÓN ENTRE DELITO COMETIDO Y GRAVEDAD.

**SEGUNDO PERFIL**
- ES UNA PERSONA ANTISOCIAL,.
- LE INFLUEN LOS FACTORES AMBIENTALES.
- Y EL ENTORNO ES DETERMINANTE PARA ESTE DELINCUENTE VIAL.

**TERCER PERFIL**
- DEPENDIENTE DEL FACTOR SITUACIONAL.
- BASADO EL LOS MOTIVOS QUE LE LLEVAN A CONDUCIR UN VEHÍCULO (ya sea por trabajo u ocio).
- SE BASA EN LA PROBABILIDAD.

Entre los principales factores de riesgo asociados a los delitos contra la seguridad vial, cabe destacar el consumo de alcohol y el hecho de no estar en posesión del permiso de conducción, y algunas variables sociodemográficas, como la edad, el estado civil o el hecho de tener antecedentes penales. Respecto al alcohol, diversos estudios han constatado que el consumo (y el abuso) de alcohol se hallan estrechamente relacionados con la conducta infractora al volante (Dobson, Brown, Ball, Powers y McFadden, 1999; Donovan, Marlatt y Salzberg, 1983; Wilson y Jonah, 1985). Y en otra investigación nos establecen que las personas solteras, divorciados o viudos tienen una probabilidad más alta de reincidir en la conducción bajo la influencia del alcohol que las personas que están casadas o viven en pareja (C, de Baca et al.; 2001; Nochajski y Wieczorek, 2000).

Sabemos que uno de los factores más sólidos en la comisión de hechos delictivos es la edad. Generalmente, se asume que la criminalidad surge en la adolescencia, y que el delito alcanza en la edad joven-adulto su punto álgido. Quetelet en el año 1833 dibujó la "curva de la edad", en la que establecía que la comisión de los delitos comenzaba a una edad temprana e iban disminuyendo con el tiempo. Pero excepcionalmente, en los delitos contra la seguridad vial no cumple este parámetro, ya que se pueden cometer dependiendo del permiso o licencia que se obtenga, en algunas conductas aunque hay otras que se cometen a cualquier edad (infringiendo doblemente la legislación al cometer el delito específico y el de carencia de permiso o licencia de conducción) y se mantienen durante un periodo de tiempo constante. Cabe destacar que para los delitos relacionados con la conducción careciendo de permiso/licencia (art. 384 CP en España), será condenado el que condujere un vehículo de motor o ciclomotor sin haber obtenido nunca permiso o licencia de conducción. La edad mínima requerida para la obtención del permiso de conducción será la siguiente: 15 años cumplidos para el permiso de la clase AM; No obstante, hasta los 18 años cumplidos no autoriza a transportar pasajeros; 16 años cumplidos para el permiso de la clase A1; 18 años cumplidos para el permiso de la clase A2, B, B+E, BTP, C1, C1+E; 20 años cumplidos para el permiso de la clase A; 21 años cumplidos para el permiso de la clase C, C+E, D1, D1+E y 24 años cumplidos para el permiso de la clase D, D+E. La clasificación tipológica de SEELIG habla de infractores de las normas de circulación, dentro de los denominados "delincuentes por falta de disciplina social". A ellos se refiere cuando dice "que son individuos que no presentan ninguna tendencia criminal, pero que sin embargo no son capaces de mantenerse dentro de los límites establecidos por las leyes. No presentan ninguna característica física, psicológica o de carácter típica que los diferencie del resto de las personas normales". No obstante esta clasificación hoy en día tiene demasiados detractores, para seguir vigente.

# 7. VICTIMOLOGÍA VIAL

La Victimología vial es una disciplina que estudia, dentro de la criminología vial, los factores que rodean los siniestros viales. La clasificación tipológica de las víctimas, el estudio del delincuente del tráfico y de los factores que inciden en las medidas de acción preventiva de tipo mecánico, legislativo, de infraestructuras e informativo, podrán repercutir en la reducción de los siniestros viales.

Uno de los objetos de estudio de la criminología es la víctima, la gran olvidada históricamente, y a la que no se le ha prestado atención hasta el año 1973, en el Simposium de Jerusalén, donde Benjamín Mendelsohn estableció sus postulados. No olvidemos el papel del criminólogo alemán Hans Von Hentig en la defensa de las víctimas. Estos dos autores son considerados los padres del estudio de la victimología.

El estudio de las víctimas se realiza desde una perspectiva multidisciplinar, desde diversos campos de estudio. Así, no solamente se estudian los siniestros viales en los que interviene un victimario por delito, sino también aquellos que dejan víctimas sin mediar delito penal. Hay un interés concreto en el papel que desarrolla la víctima en el *iter críminis* ya que su intervención puede modificar el comportamiento del victimario o simplemente del suceso criminal.

En España se sigue desde hace algunos años una política criminal -referida a la seguridad vial- de endurecimiento de penas y represión del comportamiento de los conductores infractores. Sin embargo baja el número de siniestros de tráfico, con su consiguiente reducción de víctimas mortales, pero los juicios por delitos contra la seguridad vial abarcan la mitad de las causas judiciales. Las frecuentes campañas de diversos entes y la modificación de las leyes viales tienen sus efectos positivos en la reducción de los siniestros viales. Las asociaciones ATESVEX, APEMEV, Stop Accidentes, Vida en la carretera, DIA, PAT-APAT y AESLEME son ejemplos de ello. También las diversas campañas de la Plataforma Ponle Freno, de la DGT y del representante en España de la Carta Europea de Seguridad Vial, Raimundo García Cuesta, entre otros. Las estadísticas están ahí, cada año se reducen los fallecidos en nuestro país.

La victimología vial actual se acerca a la esfera de la persona no culpable en el desenlace traumático que deja un siniestro vial. En los últimos años la estrategia en materia de normativa viaria ha ido criminalizando las conductas de los conductores, como peligro potencial de la circulación. Desde los colectivos victimales se defiende que debemos basarnos en un concepto real denominado 'siniestros', dejando el concepto de accidente obsoleto, por no ser exacto, ya que si realmente fuese un accidente no habría culpa de las partes, que sí existe en los siniestros, generalmente por fallo en el factor humano.

Es en la nueva violencia vial, donde hay personas que provocan el siniestro vial y otras (las víctimas) que se ven envueltas en él sin buscarlo, por el simple hecho de circular libremente. El infractor se convierte así en un enemigo para la sociedad, en un violento, casi definido como "terrorista viario".

Los delincuentes viales se convierten en centro de atención del Derecho penal del enemigo, expresión acuñada por Günther Jakobs en 1985 en referencia a las normas que en el Código Penal alemán (Strafgesetzbuch o StGB) sancionaban penalmente conductas, sin que se hubiere afectado el bien jurídico, pues ni siquiera se trataba del inicio de la ejecución. Estas normas no castigan al autor por el hecho delictivo cometido, castigan al autor por el hecho de considerarlo peligroso, que es lo que ocurre en nuestra legislación con los delitos de peligro abstracto, como lo son la mayoría contra la seguridad vial, ergo alcoholemias.

El conductor es percibido como una "fuente de peligro" y la conducción como una conducta peligrosa y arriesgada. Así, lo que históricamente se ha considerado como una utilidad -hablamos de la conducción- hoy pasa a ser una conducta delictiva si no se ponen los medios necesarios, y el vehículo como el arma del delito, una herramienta de hierro, poderosa y capaz de producir daños irreversibles. Y recordando su comiso en los delitos contra la seguridad vial, como ocurre con otras armas (cuchillos, pistolas, etc.) en el resto de delitos del Código Penal.

Los riesgos del tráfico rodado no son nuevos, siempre han estado ahí, pero asistimos actualmente a una nueva atención a las víctimas de los siniestros viarios. El foco se sitúa en el conductor como un peligro y en la víctima como la protagonista inocente. Pero no olvidemos que ambos roles están presentes en la misma persona. Solo una acción desafortunada puede convertir a esa persona en victimario o víctima.

Los medios de comunicación contribuyen a ofrecer la realidad, sobre el número de siniestros viales, de heridos y de fallecidos. La colaboración ciudadana hace posible conocer el mal estado de las infraestructuras viarias, la defectuosa señalización, la persistencia de "puntos negros", etc. Pero recordemos que el más importante, y sobre en el que más debemos incidir es en el "factor humano", el verdadero causante de todos los sucesos viales.

## INTERVENCIÓN CON LAS VÍCTIMAS

Siempre que hablamos de víctimas de siniestros viales pensamos solo en aquellos que han tenido el siniestro en sí y nos olvidamos de esos familiares y amigos que han perdido a un ser querido o ese accidentado que ya no va a poder valerse por si mismo y tendrá que contar para todo de las personas que le rodean Las víctimas sufren carencias, no saben dónde acudir y en ocasiones reciben informaciones contradictorias, y como tónica general no saben qué hacer después del siniestro. Siendo las víctimas de los siniestros viales las grandes olvidadas de todo el entramado vial.

Estas víctimas sufren un proceso doloroso en cuanto a las secuelas físicas, mentales y emocionales relacionadas con el siniestro, que les hacen cambiar su estilo de vida. Estos desordenes postraumáticos condicionan en cierto modo la libertad y los procesos de socialización de estas personas, que ven como tras el lance fatal del siniestro, necesitan de mecanismos que accionen tanto ayudas como políticas necesarias para mitigar o reducir el daño a todos sus niveles de su existencia.

Hay varios tipos de victimas en un siniestro vial, la primaria que sufre el siniestro de forma directa, y las secundarias que son esas personas que están alrededor de la víctima primaria, como marido, esposa, hijos, que también sufren y se ven con un cambio en sus vidas por el sufrimiento de su ser querido.

Pero también la victimización que sufren en un segundo estadio, cuando tienen que recordar el suceso, cuando tienen que declarar de nuevo, acudir al Juzgado, revivir en definitiva los hechos traumáticos a los que fueron sometidas por el victimario. Y por último los medios de comunicación, ya que según traten la noticia, va a tener una influencia diferente en todos los elementos que componen la génesis del delito vial.

## CLASIFICACIÓN DE LAS VÍCTIMAS

Son diversas las clasificaciones o tipologías formuladas acerca de las víctimas. Así, son muchos los autores que han formulado sus planteamientos, algunos de ellos que están relacionados en cuanto a definiciones. Mendelsohn se basa en el grado de culpabilidad que tiene la víctima en relación con el infractor. Así a mayor culpabilidad de la víctima menor culpabilidad del victimario y a la inversa. En victimología vial interesa conocer la víctima completamente inocente o "ideal", por ejemplo los niños que viajan en el vehículo y que no participan de forma activa. También la víctima tan culpable como el infractor o víctima voluntaria, en aquellos casos relacionados con las carreras ilegales o el desafío tipo duelo donde dos vehículos circulan en sentido contrario hasta que uno de ellos se aparte. También tenemos la víctima más culpable que el infractor, que es aquella víctima provocadora (con su conducta incita a cometer la infracción mediante insultos, por ejemplo una discusión entre dos conductores o una mala maniobra de uno tomada a mal por el otro, que desemboca en una disputa arriesgada en la carretera) y la víctima por imprudencia (aquella que provoca un siniestro vial por su falta de control, de diligencia). Y por último, la víctima simuladora (como la que acusa falsamente a otro de haberle provocado un siniestro), y la víctima imaginaria, con problemas mentales (delirios de persecución, paranoias,...) que cree haber sufrido un siniestro o haberlo sufrido a consecuencia de una imaginada persecución.

Von Hentig establece cinco categorías de clases generales y luego seis tipos psicológicos, pero destacamos aquellas relacionadas con los impulsos y la eliminación de inhibiciones de la víctima (víctima con ánimo de lucro que por codicia es fácilmente victimizable, por estafadores por ejemplo). Nos referimos a aquellas que con ánimo de lucro aceptan participar en un siniestro vial con la promesa de recibir una indemnización. En cuanto a la propensión a ser víctima o víctima propensa, nos interesa la víctima falsa, que se autovictimiza para obtener un beneficio, por ejemplo busca un siniestro vial para cobrar un seguro.

Son muchos los autores, como Jiménez de Asúa, Seelig, Fattah, Wolfgang, Aniyar, Neuman, Gerardo Landrove Díaz, etc., éste último que clasifica las víctimas recopilando los postulados de estos autores y con muy buena aceptación.

Pero en victimología vial nos interesan las tipologías victimales que estén relacionadas con los siniestros de tráfico. Generalmente van a ser víctimas fungibles, pero cuando sean infungibles (insustituibles) tendremos grandes posibilidades de prevenir el delito. Por lo tanto tenemos que incidir de forma genérica con medidas de prevención dirigidas a toda la sociedad. Si cabe, hay determinadas víctimas, por ejemplo las personas mayores y los niños, que son propensas a convertirse en víctimas de atropellos, por ello debemos incidir también en educación vial destinada a esos colectivos.

Según la naturaleza de la infracción podemos hablar de victimización antisocial, no constitutiva de delito, y victimización criminal, constitutiva de delito. Según las personas, tenemos la primaria, secundaria y terciaria. Según la extensión del hecho hablamos de directa -proyectada sobre la victima en sí (atropello)- e indirecta, que es consecuencia de la directa y recae sobre personas que tienen una relación estrecha con el agredido (las consecuencias que tiene para la familia ese atropello). Tengamos en cuenta los factores victimógenos, que predisponen a una persona o grupo a ser víctimas y su importancia para determinar lo que llamamos "victimas vulnerables". Estos factores son endógenos o exógenos (edad, sexo, domicilio, etc.).

## TIPOLOGÍAS PARA LAS VÍCTIMAS DE SINIESTROS VIALES

| -A-<br>VÍCTIMA FALSA | -B-<br>VÍCTIMA REAL |
|---|---|
| Imaginaria<br>Simulada | Inocente<br>(directa o indirecta)<br>Por imprudencia<br>Voluntaria<br>Provocadora<br>Culpable |

Figura 3. Clasificación de víctimas de siniestros viales.

La diferencia entre victima falsa o real viene puesta de manifiesto por la propia consideración de víctima, es decir, la victima real es un sujeto que ha sido victimizado, mientras que la victima falsa es la que creemos en principio que ha sido victimizada, pero que a posteriori se demuestra su falsa victimización.

## A) VÍCTIMA FALSA

Hay autores que niegan su consideración por cuanto no se trata de victima en sentido estricto, sin embargo, a efectos operativos nos interesan porque también su falsa consideración de victima puede llevar consigo alguna responsabilidad a posteriori.

> **VÍCTIMA IMAGINARIA.** Comprendería aquella persona que debido a determinados factores biopsicosociales va a creerse victima de un delito. Suelen ser personas que sufren enfermedades, paranoicos, individuos con personalidad histriónica, aquellos que mienten hasta creerse sus propias ideas, algunas psicosis, delirium, esquizofrenia, etc. También son habituales los menores de edad y los ancianos.

> **VÍCTIMA SIMULADA.** Aquellos individuos que mediando algún tipo de interés propio o ajeno, actúan como si verdaderamente fueran victimas, sabiendo interiormente que no lo son. Por ejemplo, una simulación de siniestro vial para cobrar el seguro. Puede tener responsabilidad penal. La victima imaginaria cree realmente que es victima, y la simulada sabe que no lo es, pero actúa como si lo fuera.

## B) VÍCTIMA REAL

Comprende el caso más habitual de victima, incluye aquellas hipótesis en las que hay una víctima real, que ha sufrido las consecuencias lesivas por parte del victimario.

> **VÍCTIMA INOCENTE.** Es la víctima inocente accidental, el caso más común en los siniestros

del tráfico, aquella cuya victimización se produce por causa ajena a la persona, el caso fortuito producido por otra persona, en siniestro de tráfico en el que el conductor ha llevado todas las precauciones necesarias y sin embargo se convierte en víctima. Puede ser directa (cuando de algún modo ha podido evitar el siniestro, aunque no se le reprocha que no lo haya logrado) o indirecta (cuando no tiene ninguna posibilidad de controlar el suceso, por ejemplo los pasajeros del vehículo).

**VÍCTIMA POR IMPRUDENCIA.** Aquella víctima que ejecuta una acción imprudente que la convierte en víctima. Por ejemplo rebasa una señal de STOP y para evitar colisionar con otro vehículo choca contra una vivienda o vehículo.

**VÍCTIMA VOLUNTARIA.** Entendemos que es la persona que se ofrece como sujeto pasivo en la comisión de un delito. Se caracteriza por el carácter voluntario y libre que manifiesta en su actuación. Tiene que haber un pacto o acuerdo entre el sujeto pasivo y el activo. El grado de responsabilidad victima-victimario es del 50% cada uno (simulación de siniestro de tráfico).

**VÍCTIMA PROVOCADORA.** Engloba los supuestos en los que la victima incita al sujeto activo a cometer la conducta delictiva, muy próxima a la voluntaria. La victima provoca hasta que el sujeto activo desarrolla la acción victimizante. Porcentaje victima 75%, victimario 25%. La diferencia de la voluntaria en que hay provocación, mientras que en la voluntaria hay un acuerdo.

**VÍCTIMA CULPABLE.** La victima presenta un 100% respecto al hecho victimizante, y el victimario no presenta responsabilidad. Hay un intercambio de roles, el hipotético victimario pasa a ser víctima y viceversa, lo habitual es que se absuelva de responsabilidad penal al hipotético victimario. Por ejemplo tirarse delante de un coche para que lo atropelle.

## MEDIDAS DE PREVENCIÓN VICTIMAL

Son infinitas las medidas que se pueden llevar a cabo, que no forman un catálogo cerrado, sino que son ampliables y modificables, adaptándolas a la realidad del entorno, y que pueden favorecer la reducción de víctimas en el ámbito de la circulación rodada. Estas medidas pueden ser de tipo mecánico, incidiendo en los sistemas de los vehículos; de tipo legislativo, con nuevas políticas criminales que regulen nuevas realidades; y de tipo informativo en la infraestructura viaria, encaminadas a señalizar mejor las vías públicas, con información más directa a los conductores. Las estudiamos a continuación:

### a. MEDIDAS MECÁNICAS
- Limitación mecánica del límite de velocidad de los vehículos a 120 kilómetros por hora, que es el máximo permitido en España, a través de un limitador obligatorio por ley.
- Instalación del dispositivo de control de alcoholemia en los vehículos, para impedir que sea conducido por una persona que arroje una tasa positiva de alcohol.
- Control en los tiempos de conducción.

## b. MEDIDAS LEGISLATIVAS

- La implantación del carné por puntos supuso un paso adelante, en la prevención de violencia viaria y en la reducción del número de víctimas mortales. Se han realizado reformas en materia sancionadora administrativa y penal, pero es necesario abordar los siniestros de tráfico, no como accidentes, sino como siniestros violentos. El delincuente viario es tratado de forma distinta al resto, tanto a nivel policial como judicial. No existe esa consideración de haber cometido un delito en la persona del victimario.

- Elaboración de unos modelos comunes, unificados para todas las Fuerzas y Cuerpos de Seguridad encargados de la instrucción de atestados por siniestros de circulación y delitos contra la seguridad vial, con una exhaustiva recogida de datos, ampliando diligencias de atención a las víctimas y de prevención social hacia los victimarios.

- Creación de la Ley contra la victimología vial, que incluya los delitos contra la seguridad vial y un protocolo asistencia a víctimas de estos delitos.

- Los funcionarios de policía deberían estar formados para tratar a las víctimas de modo comprensible, constructivo y tranquilizador, informándole sobre todo del proceso y derechos que le asisten. Además de involucrarse en la detección de falsas víctimas y del pro-ceso comunicativo de malas noticias.

## c. MEDIDAS INFORMATIVAS Y DE INFRAESTRUCTURA VIARIA

49

- Mayores inversiones en seguridad vial.
- La información, donde juegan un papel fundamental los medios de comunicación y la formación, basada en la educación vial como base en nuestra enseñanza, desde educación infantil y sin olvidarla en la tercera edad. Reforzada con cursos para profesionales y colectivos determinados.
- Más información sobre los derechos de las víctimas en los siniestros de tráfico y consecuencias para los victimarios.
- Mayor inversión en infraestructura viaria, eliminando puntos negros y dotando a las carreteras de elementos de seguridad (guardarrailes, asfalto antideslizante, eliminación de curvas, etc.).
- Intensificar la vigilancia policial en los intervalos horarios cuando se producen más siniestros viales.

Estas son algunas de las medidas que se tendrían que llevar a cabo para reducir el número de víctimas por siniestros viales en nuestras carreteras. Sabemos que todo lo que se haga es poco, y que hay que seguir trabajando mientras haya una persona que pierda la vida en la carretera. El trabajo unificado de todos los colectivos y la concienciación de los participantes en el tráfico rodado hará de esta utopía una realidad. La criminología y victimología vial seguirán estudiando de cerca la figura del victimario y de la víctima para buscar puntos clave donde incidir.

# 8. POLÍTICA CRIMINAL VIAL

La criminología vial puede desempeñar un papel fundamental en la prevención de los siniestros viales por medio de una buena política criminal. Para ver el papel que puede desempeñar tenemos que en tender primero que son éstas y según Serrano Gómez "se extiende la política criminal a la prevención general y especial, a la interpretación de la ley por los tribunales, al proceso penal, ejecución de la pena, sistemas penitenciarios y, en consecuencia, resocialización del delincuente". Cuyo objetivo es el control y mantener en niveles aceptables para la convivencia social los índices de comisión de delitos, dentro de los cauces propios del Estado social y democrático de derecho, e intentar llegar con la política criminal más allá de la mera cuestión penal, llegar a la sociedad en sí e intentar prevenirla de las conductas desviadas, las cuales en el tráfico rodado hay demasiadas.

Y después de entender donde interviene la política criminal observamos que la Criminología Vial tiene entre sus objetivos prioritarios el estudio y prevención de los delitos contra la seguridad vial y a la resolución de todo conflicto que surja tras un siniestro vial, interviniendo en las formas de control social, tanto formal e informal. Con lo que observamos que esta nueva disciplina de la criminología tiene mucho que aportar a las políticas de seguridad vial.

La Criminología Vial debe optar por dar un enfoque nuevo y multidisciplinar a las políticas de seguridad vial, contemplándola como una "prevención social" ya que La conducción es una interacción social por excelencia. El conductor tiene una interacción clara con su vehículo y con la vía, pero no menos prioritaria con los demás conductores, peatones y no usuarios de las vías próximas, cuyos bienes pueden ser afectados por los siniestros viales.

Lo que a rasgos generales es un problema social, ya que la interacción con el fenómeno circulatorio es un fenómeno de masas. Y esta prevención no interesa exclusivamente a los poderes públicos, sino a todos, ya que los efectos de una mala prevención afecta a la sociedad en general, y no tenemos más que ver todos los días las imprudencias cometidas en nuestras vías y los resultados lesivos de las mismas.

Por todo lo anterior, los Poderes Públicos deben emplear un conjunto de medidas y criterios de carácter jurídico, social, educativo y económico, etc. para prevenir y reaccionar frente al fenómeno criminal con el fin de mantener bajo límites tolerables los índices de criminalidad en una determinada sociedad.

En las políticas de seguridad vial utilizaremos siempre como referencia las estrategias Europea y Española para el intervalo 2011-2020. Con el objetivo de minimizar accidentalidad y siniestralidad, así como evitar lesiones de todo tipo, estos documentos constituyen una base fundamental para acometer proyectos e iniciativas que respondan a las exigencias sociales, con el trasfondo de una participación multisectorial en una sinergia dirigida a reducir las consecuencias de los siniestros viales.

La intervención sobre las distintas incidencias para evitar riesgos debe convertirse en una prioridad que evalúe la repercusión social, en lo que respecta a protección de los usuarios, definición de medidas y estrategias, y una contribución directa al cumplimiento normativo general.

Las prioridades reflejadas en las Estrategias de Seguridad Vial se corresponden con las siguientes:

1. Proteger a los usuarios más vulnerables, incluyendo niños, jóvenes, personas mayores, peatones y ciclistas.

2. Potenciar una movilidad segura en la zona urbana.

3. Mejorar la seguridad de los motoristas.

4. Mejorar la seguridad en carreteras convencionales.

5. Mejorar la seguridad en los desplazamientos relacionados con el trabajo, tanto en la empresa y empleados como en el transporte profesional.

6. Mejorar los comportamientos en relación al alcohol y velocidad en la conducción, como factores de riesgo que acentúan las posibilidades de sufrir siniestros viales.

# 9. DISUASIÓN GENERAL Y ESPECÍFICA

Es importante el estudio de las teorías de la disuasión (como por ejemplo la Teoría de la Elección Racional de Cornish y Clarke, 1986) en lo que respecta a la seguridad vial; este enfoque agrupa una serie de teorías que sitúan el centro de su explicación en el efecto de las normas sobre el individuo y en la consiguiente "elección" de éste de adentrarse o no en la conducta criminal o antisocial dentro de las vías públicas.

La disuasión general se refiere a medidas que afectan a la totalidad de los conductores, mientras que la disuasión especifica se refiere al efecto del castigo en los infractores individuales. La disuasión específica asume que el castigo seguro, rápido y severo aumenta la percepción de una persona de que será castigada si comete un delito contra la seguridad vial, y ello disuade a los infractores de repetir el comportamiento ilegal (Taxman & Piquero, 1998).

La disuasión específica, cuando afecta a los infractores contra la seguridad vial, implica una variedad de sanciones, como por ejemplo la pena de prisión, la retirada del permiso de conducción, multas, trabajos en beneficio de la comunidad (talleres TASEVAL) y otros programas formativos en seguridad vial.

Por su propia esencia, y aunque también se muestran coherentes con el concepto de prevención especial negativa, este enfoque está especialmente centrado en los efectos de la prevención general negativa, entendida como el efecto que hace que los individuos se abstengan de cometer delitos por temor a las consecuencias penales o normativas (Serrano Maíllo, Introducción a la Criminología, 2006).

Que tiene su efecto cuando a un individuo se le impone una pena y en el futuro tiende a respetar más la Ley, porque ya ha sufrido los rigores de una sanción, y sabe mejor los riesgos y consecuencias que afronta.

El logro de esa prevención general puede favorecerse a través de la habituación, la formación normativa y la disuasión. Garrido, Stangeland y Redondo, que entienden esta habituación como un resultado de las normas y sanciones penales que hace que las personas automaticen una serie de comportamientos dentro de la legalidad normativa, ponen como ejemplo de ella el hecho de que los ciudadanos suelen detener su vehículo automáticamente al ver un semáforo en rojo sin necesidad de pensar y decidir en cada caso sobre esa conducta.

Siguen diciendo que la formación normativa es el efecto educativo que tendrían las normas penales a largo plazo. Y que la disuasión – relacionada ya directamente con la prevención general negativa en concreto- se logra a través de los tres elementos tradicionales de la Escuela Clásica: la certeza, la prontitud y la dureza de la imposición de las penas. Las dos primeras dependen de la eficacia policial y de la rapidez del procedimiento penal, mientras que la última está determinada por el Código Penal (Garrido Genovés, Redondo Illescas, & Stangeland, Principios de Criminología, 2006).

# 10. SEVERIDAD, CELERIDAD Y CERTEZA DE LA SANCIÓN

Desde la criminología y desde hace mucho tiempo, sabemos que en la prevención general de los delitos intervienen tres variables básicas de la sanción: la severidad de la sanción, la celeridad de la sanción, es decir, que se imponga la sanción en un plazo de tiempo corto y la certeza de la sanción.

Pues bien, de estas tres variables que juegan en la prevención de delitos (severidad, celeridad y certeza del castigo), lo que la investigación criminológica ha demostrado en multitud de estudios es que la que tiene alguna promesa de tener efectivamente efectivos preventivos generales es la certeza del castigo. No es la severidad, por mucho que uno aumente la severidad del castigo, si el ciudadano no percibe la probabilidad de que ese castigo se aplique, el legislador ya se puede preocupar por aumentar la severidad del mismo, simplemente será un castigo que no llegará al ciudadano como motivo de temor, porque el ciudadano percibe que o bien el riesgo de detección o bien el riesgo de aplicación del castigo es tan mínimo que en realidad la severidad no tendrá ninguna incidencia real en la evitación de delitos. Ésta es una cuestión que ha sido demostrada en multitud de estudios, que acreditan que el aumento en la severidad del castigo normalmente los ciudadanos primero ni siquiera lo perciben, y segundo si lo hacen no variarán su conducta si creen que no hay un riesgo real de detección[4].

El conductor no es ingenuo, como a veces parece presuponer el legislador penal, y el conductor percibe perfectamente cuáles son los riesgos de realización de un determinado delito y evidentemente eso juega en su cálculo a la hora de realizar las acciones. Por tanto, el legislador se puede preocupar mucho por aumentar la severidad del castigo, pero si no aumenta la certeza del mismo, es un hecho comprobadísimo en la literatura criminológica, que no es la severidad de la pena sino la certeza del castigo lo que debería preocupar al legislador.

Por tanto, una política de aumento significativo de la cantidad de radares junto con una sanción administrativa rápida y eficaz (que podría implicar evidentemente multa y retirada del permiso de conducción), nos bastaría probablemente para modificar el comportamiento de los conductores, y no sería necesario acudir al Derecho Penal, ya que el ciudadano percibiría que hay una sanción efectiva que se le va a aplicar con razonable probabilidad.

Hay muchos estudios que acreditan que la simple retirada del permiso de conducción, pero una retirada que el ciudadano vea de muy probable aplicación, disminuye efectivamente la comisión del delito, y no la amenaza de una pena de prisión que el ciudadano en realidad ve que no hay riesgo real de que se le aplique.

---

[4] Vid. por todos v. HIRSCH, A. / BOTTOMS, A.E. / BURNEY, E. / WIKSTRÖM, P.O. (1999): Criminal Deterrence and Sentence Severity, University of Cambridge: Hart Publishing.

## 11. PREVENCIÓN DE LOS DELITOS CONTRA LA SEGURIDAD VIAL

La prevención equivale a disuadir al infractor potencial de los delitos contra la seguridad vial con la amenaza del castigo y guiarle por un camino en el cual tiene que seguir una trayectoria correcta sin incumplir ninguna norma establecida en las leyes de la seguridad vial y en las penales. En consecuencia, concibiendo la prevención criminal (eficacia preventiva de la pena) y operando en el proceso de motivacional del infractor (disuasión).

Es lo que se acostumbra a denominar "papel preventivo general del Derecho Penal". Esta es la aproximación típica y tópica del Derecho Penal frente a la delincuencia: la prevención general.

Otros autores entienden también por prevención el efecto disuasorio mediato, indirecto, perseguido a través de instrumentos no penales, que alteran el escenario criminal modificando alguno de los factores o elementos del mismo (espacio físico, diseño arquitectónico y urbanístico, actitudes de las victimas efectividad y rendimiento del sistema legal, etc.) Se pretende así poner trabas y obstáculos de todo tipo al autor en el proceso de ejecución del plan criminal o desviado mediante una intervención selectiva en el escenario del crimen que "encarece", sin duda, los costes de éste para el infractor, con el consiguiente efecto disuasorio.

Lo que a rasgos generales es un problema social, ya que la interacción con el fenómeno circulatorio es un fenómeno de masas. Y esta prevención no interesa exclusivamente a los poderes públicos, sino a todos, ya que los efectos de una mala prevención afecta a la sociedad en general, y no tenemos más que ver todos los días las imprudencias cometidas en nuestras vías y los resultados lesivos de las mismas.

Se pueden distinguir tres grandes perspectivas en la prevención del delito atendiendo a las causas en que se origina y según se centre en la estructura, en la personalidad o en la circunstancia (Pease,1997). La primera apuesta por el cambio economico y social, la segunda por cambiar o reformar a los delincuentes y la tercera por intervenir en las situaciones que propician el delito. De las tres, la que se centra en la estructura, se descarta, ya que su aplicación no depende directamente de los problemas relacionados con la deincuencia, sino de las normas y leyes dictadas de los Gobiernos. Por eso nos centraremos en las dos siguientes y que se reclasificarán en prevención primaria, secundaria y terciaria. La primaria, es la que se centra en las circunstancias del delito; la secundaria,intentará cambiar a las personas que se encuentran en los grupos de riesgo y la terciaria.

La prevencion se subdivide en primaria secundaria y terciaria.

## PREVENCIÓN PRIMARIA

Martin Bloon (1996) define la prevención primaria como "las acciones planteadas que buscan prevenir un problema predecible, proteger un estado de salud o de funcionamiento adaptado ya existente, y promover algún objetivo de salud deseable. De este modo, la prevención primaria implica esos tres elementos - prevención, protección y promoción- dentro de una perspectiva sistémica donde cada elemento afecta y es afectado por los otros".

Podemos decir que la prevención primaria opera intrínsecamente de tres modos:

1. Tratando con problemas que pueden ceñirse en el futuro sobre la población objeto.
2. Con los recursos con los que tal población cuenta (los cuales pueden necesitar protección).
3. Y desarrollando los recursos potenciales de los que pueden llegar a disponer (promoción).

Bloom propone una "Ecuación sistemática o ecológica" de la prevención primaria en la que establece que cada elemento en una situación dada está relacionado en última instancia con todos los demás elementos, a menudo, de forma interactiva.

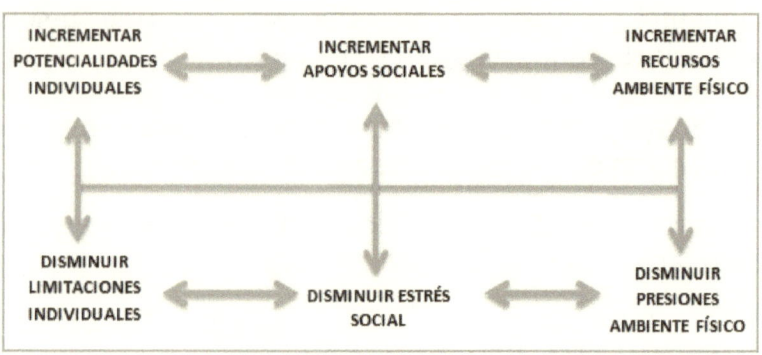

Figura 4: Ecuación sistemática de la prevención de Bloom (Principios de Criminología de Garrido, Stangeland y Redondo 2006)

En la figura 4 podemos observar un cuadro que ofrece un análisis configural de cualquier conducta social (en nuestro caso el comportamiento del delincuente vial o persona antisocial en las vías, tanto urbanas como interurbanas) que enfatiza las potencialidades en situaciones sociales -línea superior- y reduce las limitaciones en dichas situaciones -línea inferior-.

Aparte, cada uno de los elementos o componentes puede ser analizado por separado, siendo los términos empleados los siguientes:

- PERSONA: aspectos cognitivos, afectivos, conductuales y físico-biológicos.
- GRUPOS PRIMARIOS: la familia, grupo de iguales, etc.
- GRUPOS SECUNDARIOS: organizaciones a gran escala con unos roles especializados y distribución del trabajo.
- GRUPOS SOCIOCULTUTALES: colectivos que comparten sistemas de símbolos que dan sentido a la vida, tales como las leyes, la herencia étnica, el lenguaje, el estilo de vida subcultural.
- AMBIENTE FÍSICO: incluye tanto el entorno natural como el entorno construido.
- MARCO TEMPORAL: hechos vitales que ocurren a individuos y grupos a la vez, incluyendo cambios históricos, evolución grupal, y crecimiento y desarrollo personal.

Los programas de prevención primaria se orientan a las causas mismas, a la raíz, del conflicto, para neutralizar éste antes de que el propio problema se manifieste. Tratan, pues, de crear los requisitos necesarios o de resolver las situaciones carenciales criminógenas, primando la educación, formación, la socialización de los conductores y de los demás usuarios de las vías. Aquí entra de lleno la EDUCACIÓN VIAL, como motor fundamental de la prevención en los delitos contra la seguridad vial, una buena planificación de esta educación ayudaría a la disminución de los efectos negativos de esta clase de delitos y disminuiría el riesgo de sufrir un siniestro vial en nuestras vías.

La evidencia de que la actitud social ante el riesgo es una clave fundamental para la seguridad vial, implica que los usuarios de las vías públicas han de ser socializados, formados y educados de modo que adquieran hábitos socioviales responsables. Un comportamiento vial seguro se manifiesta en un uso correcto de los vehículos, de las vías públicas y sobre todo en una actitud social preventiva.

Las exigencias de prevención primaria suelen atenderse a través de estrategias de política cultural, económica y social, cuyo objetivo último es dotar a los ciudadanos -como afirma Luderssen- de capacidad social para superar de forma productiva eventuales conflictos.

Todo empieza por el conocimiento general del conductor de las medidas generales para el control de las conductas que no respetan las normas de comportamiento al ser responsables de los mandos de un vehículo a motor, conoce de radares que colocados estratégicamente, controlan la velocidad inadecuada, controles de alcoholemia, drogas, de cinturones, de telefonía móvil y que la vigilancia de los agentes, aunque de escasa presencia pueden intervenir ante cualquier infracción que cometa, ello le supone un factor positivo para inhibir cualquier conducta infractora.

## PREVENCIÓN SECUNDARIA

La llamada prevención secundaria, por su parte, actúa más tarde en términos etiológicos: no cuando - ni donde- el conflicto criminal se produce o genera, sino cuando y donde se manifiesta, cuando y donde se exterioriza. Opera a corto y mediano plazo, y se orienta selectivamente a actos concretos, particulares, sectores de la sociedad: aquellos grupos y subgrupos que exhiben mayor riesgo de padecer o protagonizar el problema criminal. La prevención secundaria se plasma en la política legislativa penal y en la acción policial, fuertemente polarizada por los intereses de la prevención general.

En concreto a las fuerzas y cuerpos de seguridad encargados de la vigilancia y control del tráfico le corresponde:

- La intervención directa, en el caso de la prevención general.
- La colaboración y apoyo, en el caso de la prevención social.
- Y el asesoramiento y consejo, en la prevención situacional.

Programas de prevención policial, de control de medios de comunicación, de ordenación urbana y utilización del diseño arquitectónico como instrumento de autoprotección, desarrollados en barrios bajos, son ejemplos de "prevención secundaria".

La prevención secundaria está dirigida a los infractores para que no vuelvan a cometer las mismas u otras transgresiones, conocen las medidas de prevención general y también las consecuencias de no respetar las normas, pero dado el grado de reincidencia, parece ser que por sí solas, no son todo lo efectivas que se desean y la tasa de reincidencia en infracciones en los delitos contra la seguridad vial y las infracciones administrativas derivadas del tráfico son muy altas.

Los reincidentes, en vez de modificar su conducta a base de "días de multa" y la retirada de puntos del permiso de conducción o la retirada del mismo, se afanan en adquirir las últimas tecnologías y pagar abogados para eludir las sanciones. Por lo que la efectividad de la norma se va reduciendo.

Aun así, los actos insolidarios, temerarios, agresivos o transgresores, son detectados en una ínfima proporción del total que se comenten, la cifra negra de la criminalidad del tráfico es muy alta, la impunidad esta "asegurada" en la mayoría de los casos. Esto plantea la necesidad de buscar otras alternativas más eficaces de prevención, tanto primaria como secundaria y terciaria que trabajen en la modificación del "factor humano".

## PREVENCIÓN TERCIARIA

La prevención terciaria, por último, tiene un destinatario perfectamente identificable: la población reclusa, penada; y un objetivo preciso: evitar la reincidencia. Es, de las tres modalidades de prevención, la de más acusado carácter punitivo. Y los programas "re-habilitadores", "re-socializadores" en que se concreta -muy alejados, por cierto, etiológica, cronológica y espacialmente de las raíces últimas del problema criminal- se llevan a cabo en el propio ámbito penitenciario. La plena determinación y selectividad de la población destinataria de tales programas, así como los elevados índices de reincidencia que se aprecian en ella, no compensan el déficit etiológico de la prevención terciaria, sus insuperables carencias, dado que ésta implica una intervención.

La penología en los ultimos años intenta buscar una solución a esta prevención terciaria, en terminos generales la mayor parte de los delincuentes (en general) son reincidentes y según autores como Hirschi, la "esperanza de vida delictiva" de gran parte de los delincuentes son hasta los 25 años, con lo que esta prevención puede llegar tarde a los penados.

Pero yendo en contra de lo establecido por Hirschi con respecto a la edad, los delincuentes viales no terminan su carrera delictiva a la edad que propuso, sino que empiezan a esa edad a cometer los delitos contra la seguridad vial. Por eso, esta prevencion es muy importante para los penados en esta clase de delitos, en la que habría que hacer un esfuerzo para que puediese llegar a su fin. Habría que intentar reeducar a los penados, que en algunos casos (a eleccion del mismo reo) puede realizar un taller de seguridad vial, llamado TASEVAL, dentro de los trabajos en beneficio de la comunidad ( que es realizado por los condenados que tengan que reallizar 30 jornadas o menos de trabajo y que según la Secretaria de Instituciones penitenciarias son el 70% del total de las condenas). Siendo una buena manera de reeducar, y que desde la prevención habria que hacer que este taller fuese de obligado cumplimiento para todos los penados en materia de seguridad vial, independientemente de la condenana que se le estableciese por el delito cometido.

# 12. LA PREVENCIÓN DESDE EL FACTOR HUMANO

Desde el factor humano, la prevención se entiende como una conducta, un comportamiento dirigido a evitar situaciones percibidas como peligrosas, o a realizar conductas que aseguren que, en el caso de que el peligro se convierta en realidad, se puedan disminuir sus consecuencias.

Esta prevención empieza con una buena cultura vial apoyándose en programas de educación vial en todas las fases de nuestra vida, desde que eres un niño hasta la tercera edad; ya que en cada fase de nuestro ciclo vital actuamos de una manera diferente como usuario de la vía e incluso hay momentos que interactuamos de forma conjunta.

Por eso hay que abogar por la implantación de estos programas desde la infancia y que vayan desarrollándose a la par del desarrollo de la persona, y así se aumentará la eficacia de los mismos.

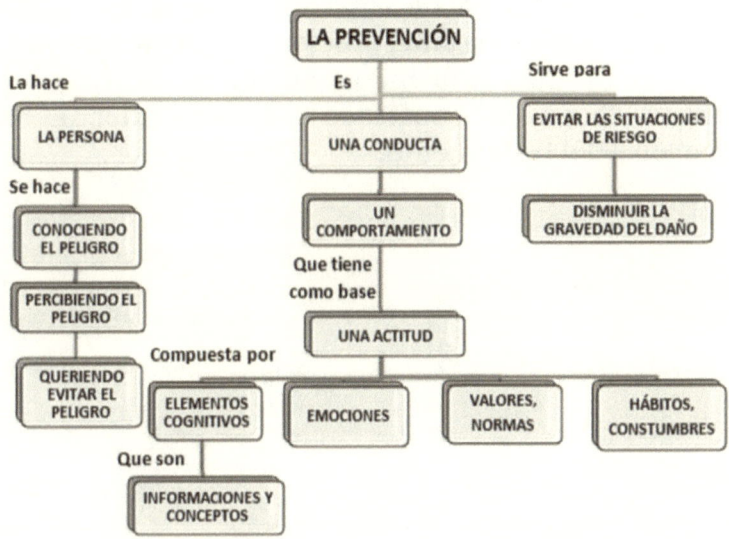

Figura 5: Estructura de la prevención.

Es necesario conocer la prevención desde el factor humano para poder programar mejor e intentar que la intervención con el sujeto sea más eficaz y conseguir que la prevención de las conductas de riesgo lleguen de la mejor forma a las personas implicadas e intentemos evitar la reincidencia de las mismas.

En las intervenciones educativas o tratamientos, es importante que tengamos en cuenta:

La intensidad de la intervención para reducir el riesgo de reincidencia ha de ser proporcional al riesgo que presenta esta persona, es decir: hay que ajustar la intensidad de la intervención al nivel del riesgo.

La intervención penal ha de estar basada en las necesidades criminógenas, que se ha demostrado empíricamente que se relacionan con la repetición del comportamiento delictivo.

El tratamiento ha de estar ajustado al estilo y la manera de aplicar la intervención a aquella persona a quien va dirigida esta intervención, es decir, que la persona tenga la capacidad de responder a las exigencias del tratamiento.

## 13. LA EDUCACIÓN VIAL COMO PRIMER PILAR DE LA POLÍTICA CRIMINAL DE SEGURIDAD VIAL

Como sabemos la Política Criminal en Seguridad Vial la podemos dividir en tres prevenciones (primaria, secundaria y terciaria) y de las tres la más importante es la primera, ya que una buena planificación de ésta, nos privaría de tener que aplicar las dos siguientes. ¿Pero cómo lo conseguiríamos? Muy sencillo, con la implementación de la educación vial en todas las esferas de nuestra vida, empezando desde la infancia.

Pero antes de continuar, ¿qué entendemos por educación vial? "La Educación Vial persigue la formación del comportamiento del usuario de las vías cuando haga uso de éstas, ya sea como peatón, viajero o conductor. Pudiendo decir, que es el arte de saber andar, conducir y comportarse con seguridad, respetando siempre a los demás".

La educación vial es el motor principal para una buena prevención de los delitos contra la seguridad vial y contra la prevención de los siniestros viales. La prevención en educación vial tiene dos fases que van correlacionadas una con la otra: la formación y la acción (o puesta en práctica).

Para que la prevención sea un hecho, hace falta que la persona conozca el peligro y conocer el peligro es ir más allá de la simple formación. Pero como sabemos no solo vale conocer el peligro para poder evitarlo, tenemos que saber percibirlo y esto solo se logra cuando estamos interactuando en las vías públicas ya sea como peatón, conductor o viajero. Pero después de conocer el peligro y saber percibirlo, tenemos que querer evitarlo, y esto solo se consigue con una buena actitud y socialización en el tráfico.

Todo lo anterior es lo que tiene que englobar la educación vial, formar a las personas, no solo en conocimientos teóricos, sino en actitudes y valores para que tengan una formación global en educación vial que les ayudará a desenvolverse sin problemas por las vías y a respetarse mutuamente con todas las personas que participamos de la vida diaria de las calles o carreteras de nuestro entorno.

Una buena política criminal en seguridad vial tiene que empezar desde que somos niños, aprendiendo en las escuelas educación vial, pero no debe quedarse ahí, tiene que seguir en casa con los padres (y esto se consigue si ellos de niños han recibido esta educación) y continuar con ella en todas las esferas de nuestra vida, en el trabajo, etc.

Así, el día de mañana conseguiremos tener a todas las personas formadas, experimentadas y socializadas en el tráfico viario y podremos olvidarnos de esas malas noticias que vemos todos los días en las noticias de "ha habido tantos muertos en las carreteras o han sido detenido tantos conductores..." (Aunque eso es una utopía, pero hay que luchar por ello).

## 14. CONTROL SOCIAL: DESDE LA PERSPECTIVA DE LA EDUCACIÓN VIAL

Antes de empezar la definir el control social desde el punto de vista de la educación me gustaría aquí reproducir lo que decía COHEN en su "Introducción a la sociología":

*"Cada sociedad ha desarrollado un sistema de recompensas y castigos (sanciones) con el fin de estimular a sus miembros a actuar de conformidad con las normas existentes.*

*Sanciones positivas se denominan aquellas recompensas que nos son dadas cuando actuamos conforme a la norma, y sanciones negativas son los castigos que se nos aplican cuando dejamos de actuar de conformidad a ellas.*

*Debido a la existencia de esas sanciones es posible mantener el control social. Las recompensas y castigos varían de las formales (ceremoniales) a los informales. Muchos sociólogos creen que las recompensas y castigos informales a menudo son más efectivas que las formales y ciertamente se les aplica con más frecuencia".*

Podemos definir el control social como el conjunto de prácticas, actitudes y valores destinados a mantener el orden establecido en las sociedades; apareciendo como un medio de fortalecimiento y supervivencia del grupo.

La definición dada, se puede interrelacionar directamente con lo que sucede en el tráfico viario, ya que en él cabe un conjunto de normas (tanto legales como morales), actitudes y valores que nos hacen que respetemos y actuemos de igual manera cuando somos usuarios de las vías, cosa que sin ellas sería un caos poder transitar por las vías.

El control social lo podemos dividir en formal e informal, entendiendo el control social formal como la que establecen las leyes; y el informal como aquello que no está institucionalizado (legalizado) como puede ser los mass-media, normas sociales, etc. y que transmiten hábitos, normas, y valores determinados, realizándose esto por medio de la familia, la escuela, el grupo de amigos, etc.

Siendo la parte que más interesa del control social a la criminología vial es desde el punto de vista de la educación, ya que una forma de prevenir es por medio de la educación vial (que tiene que ser un eje importantísimo en las políticas criminales de seguridad vial).

Desde el punto de vista de la educación, podemos definir el control social como "una extensión del proceso de socialización" y aplicado a la seguridad vial en este proceso debemos enseñar cómo comportarse en las vías cuando haga uso de ellas, ya sea peatón, viajero o conductor de vehículos. Siendo este el aspecto objetivo de la socialización, ya que trata de inculcar los valores necesarios y la norma para que pueda participar en el uso de las vías con toda responsabilidad y sobre todo para que sea responsable en las mismas y así poder evitar un siniestro vial.

Y consideramos el aspecto subjetivo de la socialización visto desde la educación al autocontrol que esas normas, reglas y valores implican, puesto que son expresadas cuando se hace uso de las vías en nuestra actividad diaria.

El control social de la educación vial ejercido en la educación formal y reglada (ley LOCE) se puede representar según estos dos modelos:

- **El macro-control:** que es ejercido por la normativa legal de las Administraciones (tanto a nivel nacional o autonómico, que son las que tienen competencia en educación) que obligue a la impartición de la educación vial en las aulas, ya sea como asignatura propia o dentro del curriculum de alguna otra.
- **El micro-control:** que es ejercido por la comunidad educativa, en el ejercicio del control del centro escolar y de acuerdo a las competencias que les son propias establecidas por la ley.

## 15. POSIBLES MEDIDAS A ADOPTAR PARA EVITAR LA REINCIDENCIA EN LA SEGURIDAD VIAL

Hay medidas que habría que adoptar para la mejora de la seguridad vial en nuestras vías, dentro de la política criminal, y que se debería hacer una modificación legislativa al respecto, las cuales son:

En los casos de conductores reincidentes por la conducción bajo los efectos del alcohol puede deberse a que tienen un problema de alcoholismo y no al consumo ocasional; por eso se propone que se le puede penar a la realización de un tratamiento de desintoxicación, que será más efectivo y ayudará al victimario a no volver a delinquir por este precepto, que penarle a la realización de los TASEVALES. Los últimos estudios realizados en Estados Unidos, Canadá, y en países anglosajones sobre la eficacia de estos programas para evitar la reincidencia del delito, son bastante prometedores. Estos estudios sobre personas que siguen los cursos de rehabilitación muestran que los "tratados", incluso después de realizado el curso, tienen un índice de reincidencia mucho menor que las personas que no han realizado dicho curso de rehabilitación[5].

La retirada de puntos para los condenados por delitos contra la seguridad vial. Hacer una

---

5 Vid. por todos
DAVIES/BROUGHTON/HARLAND/TUNBRIDGE:
"Drink/driver rehabilitation courses in England and Wales",
Transport Research Laboratory, UK.
http://www.icadts.org/proceedings/2000/icadts2000-089.pdf.

modificación e instaurarla dentro de las penas de estos delitos, y que se unan a las penas ya previstas (prisión, multa y trabajos en beneficio a la comunidad; y en algunos casos la privación del derecho a conducir vehículos a motor).

Atenuar la pena a los condenados por conducir sin haber obtenido el permiso de conducción, a aquellos que, en un periodo de tiempo razonable y estipulado, obtengan el permiso de conducción o licencia por la cual hayan sido penados.

Crear un nuevo delito dentro del capítulo de los delitos contra la seguridad vial, el cual sería "delito de fuga en un siniestro vial con heridos graves". Normalmente la persona que huye del lugar del siniestro lo hace a propósito, y porque sabe que ha incumplido alguna norma al respecto, o va bajo los efectos de bebidas alcohólicas o drogas, no tiene permiso de conducción, circula sin el correspondiente seguro obligatorio, etc.

El artículo podría ser el siguiente:

Será castigado como reo de un delito de fuga en un siniestro vial con la pena de......... el que huyera del mismo sin auxiliar a la parte agraviada y esta se encontrase con lesiones graves que puedan poner en riesgo su integridad física.

Calificar los siniestros viales en los que se haya producido como resultado una víctima mortal de "homicidio imprudente". Decir que el 40% de estos casos la causa determinante es el consumo de alcohol y drogas unidos casi siempre a excesos de velocidad y agresividad al volante.

## 16. CONSIDERACIONES OPORTUNAS PARA UNA BUENA POLÍTICA CRIMINAL EN MATERIA DE SEGURIDAD VIAL

Para la realización de una buena política criminal de la seguridad vial, debe regir los siguientes puntos:

1. El objetivo final no se tiene que vasar en erradicar la delincuencia viaria, ya que será imposible llegar a este objetivo, porque todos sabemos que eso es una utopía; por eso el objetivo final tiene que ser el mantener la delincuencia vial en unos índices bajos de criminalidad y mantenerla controlada.

2. Tenemos que tener en cuenta que prevenir es más que disuadir, hay que neutralizar las causas de esta delincuencia. No nos vale asustar al delincuente por medio de la amenaza de la pena, hay que actuar en la raíz del problema y solucionarlo desde ahí, LA EDUCACIÓN VIAL.

3. La efectividad de los programas de prevención deben implementarse a medio y largo plazo, no se debe tener prisa por obtener los resultados, hay que esperar el tiempo que se fije y no modificar dichos programas por clamor popular y los mass media.

4. Tenemos que saber que la prevención primaria es más efectiva que la prevención secundaria y éstos más efectivos que los de prevención terciaria.

5. La política criminal de seguridad vial tenemos que tener en cuenta que la prevención debe contemplarse como una "prevención social", ya que la circulación de vehículos y peatones es una interacción social por excelencia en la que estamos inmersos todos los días y empezamos a interactuar con ella nada más salir a la vía.

6.   Para erradicar la delincuencia vial, tenemos que empezar a actuar mucho antes  de que el victimario obtenga el permiso o licencia de conducción. Y esto se hace inculcando desde niño una buena educación vial, tanto en la escuela como en la familia, ya que son los dos primeros núcleos de socialización del niño.

7.   Saber que no se puede, ni debe, utilizarse una prevención represiva, cuasi policial, ya que carece de actuación ante la raíz del problema.

8.   Hay que actuar en la confección de las vías, ya que si se evita que se pueda ir a altas velocidades, una buena iluminación, una correcta señalización, etc. se podrían evitar conductas de riesgo para la seguridad vial.

## 17. LOS TASEVAL DESDE LA VISIÓN CRIMINOLÓGICA

La aplicación de la criminología es fundamental a la hora de la realización de un buen proyecto de trabajos en beneficio de la comunidad (en adelante TBC) para conseguir el propósito final, que no es otro que la rehabilitación e integración del delincuente, en nuestro caso el delincuente vial.

Los "talleres de seguridad vial" (en adelante TASEVAL) son TBCs exclusivos para los penados por delitos contra la seguridad vial, siendo un conjunto de actividades de sensibilización y reeducación que están directamente relacionado con el tipo de delito cometido por el infractor y personalizando el taller individualmente; consiguiendo el efecto deseado que no es otro que el delincuente vial consiga resolver y actuar en concordancia, de una forma exitosa, las situaciones o implicaciones que se dirimen del tráfico rodado y que no repercuta negativamente en su conducta al volante y que están encaminados a la reinserción y reeducación sociovial del conductor. Como todo TBCs tiene unos elementos a favor y en contra de la posición doctrinal, que son importantes saber a la hora de programar/realizar el taller, que son los siguientes:

| ELEMENTOS A FAVOR | ELEMENTOS EN CONTRA |
|---|---|
| No produce los efectos desocializadores de la pena privativa de libertad. | Los problemas organizativos que comporta la ejecución de dicha medida. |
| Satisface las necesidades preventivo-generales con la pérdida del tiempo libre. | Escasez de puestos de trabajo de interés social, junto con una situación general de falta de trabajo o trabajo precario. |
| La sanción puede orientarse a la compensación del daño causado. | La mayor estigmatización del sujeto, pues en determinados supuestos, su conducta criminal trasciende a amplios sectores de la población. |
| Descongestión de los centros penitenciarios. | La dificultad de deslindar esta sanción de los trabajos forzados. |
| Económicamente es menos costosa que la privación de libertad. | En los supuestos de jornada de 8 h. imposibilita al sujeto de realizar cualquier tipo de trabajo remunerado (no se permite al penado disfrutar de su salario), por lo que se considera un factor criminógenos. |
| | El riesgo de extender la red de control penal, especialmente si la pena de TBC carece de capacidad para sustituir a una pena privativa de libertad. |

Figura 6: cuadro de elementos a favor y en contra de los TBCs.

El TASEVAL se debe ajustar al principio riesgo-necesidades-receptividad (RNR, en adelante) parte de un objetivo eminentemente rehabilitador, cuya finalidad es mejorar las capacidades del penado para desarrollarse normalmente en sociedad, centrándose en reducir aquellas necesidades más importantes y relacionadas con la reincidencia.

Uno de los objetivos fundamentales del principio RNR es la efectividad de las intervenciones. La manera de cómo se interviene con los infractores desde el ámbito penal es un aspecto capital de la prevención y el tratamiento de la delincuencia. No se aconseja que los infractores de alto riesgo y los de bajo riesgo coincidan en una misma intervención (O'Connor, 2008). Partiendo de una valoración del riesgo de reincidencia, se identifican unas necesidades criminógenas (aquellas que se relacionan empíricamente con el comportamiento delictivo o reincidente) a las que habrá que dar respuesta con una intervención adaptada a las características del infractor, es decir, una intervención responsiva.

El primer elemento del principio RNR, el riesgo, se basa en que la intensidad de la intervención debe estar orientada a la reducción del riesgo de reincidencia que presenta el sujeto. Por lo tanto, es necesario ajustar la intensidad de la medida al nivel de riesgo. Así, se contraponen dos aspectos: por un lado, el nivel de riesgo, y por otro, el nivel (o la intensidad) de la intervención. La relación entre estos dos aspectos es tal, que para aquellos niveles de riesgo bajo el principio aconseja medidas de baja intensidad (por ejemplo, medidas menos controladoras). En cambio, para niveles de riesgo alto, las intervenciones deben ser más intensivas (por ejemplo, medidas con una supervisión más estricta).

El segundo elemento del principio, las necesidades, supone considerar los factores de riesgo como algo más que indicadores que permitan estimar la probabilidad de reincidencia. Determinados factores de riesgo se convierten en factores de necesidad y, por lo tanto, características como el alcoholismo, la impulsividad, una baja capacidad de empatía o un entorno social con unas características determinadas, son factores de riesgo, pero también necesidades criminógenas sobre las que es posible intervenir. El principio de necesidad considera que si se quiere reducir la reincidencia, es preciso actuar sobre estas necesidades criminógenas. De tal manera que se propone que la intervención que se lleve a cabo con el sujeto, desde el ámbito penal, se dirija a las necesidades relacionadas con el comportamiento delictivo. Esto no quiere decir que no se tenga que hacer nada con el resto de necesidades que pueda tener la persona, pero sí ser consciente de cuál es la prioridad de la actuación desde la Justicia.

Finalmente, el principio de receptividad quiere decir que si se quiere maximizar el efecto de las intervenciones, es preciso ajustarlas a la persona a la que van destinadas y no a la inversa. Es posible que una persona tenga una determinada necesidad criminógena y es posible que exista una intervención específicamente diseñada para abordarla. Pero también hay que contar con otras características personales que pueden hacer inviable su participación en el programa.

| RIESGO | NECESIDADES | RECEPTIVIDAD |
|---|---|---|
| •¿Qué sabemos acerca de las características del delincuente que estan asociadas con la reincidencia? <br>•Factores de riesgo que no son necesareamente factores causales (marcadores conductuales y cognitivos) <br>•Los factores de riesgo pueden ser estáticos o dinámicos <br>•Se puede identificar a los delincuentes de alto riesgo | •Necesidades que son criminogénicas (asociadas a la reincidencia. <br>•Necesidades que pueden ser abordadas con tratamiento u otras intervenciones. <br>•Necesidades que varían según el tipo de delincuente (por ejemplo delincuentes violentos). <br>•necesidades que varían según la edad (menores delincuentes). | •Receptividad general (énfasis en las intervenciones de aprendizaje social cognitivo dentro de una estructura de apoyo). <br>•Receptividad específica (motivación, características especiales de los delincuentes, circunstancias especiales, cultura, educación, etc.) |

Figura 7: el marco riesgo-necesidades-receptividad (RNR)

Dichos talleres tienen como objetivos específicos:

- La esencia reparadora del daño causado.

- Destacar la voluntad del penado a su realización, ya que no se le puede obligar a ello.

- No se estigmatiza al reo, al no estar en prisión con otros delincuentes "comunes".

- Para la sociedad, tiene una finalidad restitutiva a la vez que ejemplarizante e integradora.

Y como características del mismo:

- Cumplimiento dentro de la comunidad: la pena de trabajo se cumple dentro de la comunidad, implicando un compromiso de ésta en la ejecución penal, y en la consecución del objetivo de la reinserción.

- Ejecución en medio abierto: en primer lugar, la ejecución de la sanción en medio abierto no implica el encierro y la ruptura con sus relaciones personales y sociales sino, por el contrario, la ampliación y diversificación de estas relaciones con personas que dedican parte de su tiempo libre a la realización de tareas de colaboración social.

- Utilidad social del trabajo a realizar: la utilidad de los trabajos realizados y los efectos positivos que éste tiene en determinadas personas es otra de las características que redundan en la virtud resocializadora de esta sanción.

- Capacidad formativa del trabajo: la doctrina ha señalado la capacidad de la pena de TBCs para dotar a la persona penada de una formación y un hábito, del que carecerá en algunos casos, el cual le ayudará, posteriormente, a reintegrarse en la sociedad vial y facilitará su reinserción social.

Todo taller realizado a la reinserción del delincuente vial se tiene que regir por los siguientes principios:

- PRINCIPIO DE PARTICIPACIÓN: se hace partícipe al infractor en su propia rehabilitación.
- PRINCIPIO DE CAPACITACIÓN: fomentado a la adquisición de habilidades.
- PRINCIPIO DE LAS NECESIDADES CRIMINOLÓGICAS: dirigida la intervención a combatir los factores individuales vinculados a la actividad delictiva.

Y busca conseguir el fin rehabilitador de la pena, siendo los elementos que producen esa meta los siguientes:

## LA PERCEPCIÓN DE UTILIDAD DEL TRABAJO REALIZADO DEL PENADO:

Los penados que valoran positivamente la experiencia del taller tienen menos probabilidades de reincidir en un futuro, que los que hacen una valoración negativa del taller. Siendo factores que contribuyen a una buena experiencia los siguientes:

- El contacto con otros penados.

- La percepción del trabajo desarrollado como útil.

- la adquisición de habilidades.

- Posibilidad de poner en práctica alguna de las habilidades adquiridas.

## LA SUPERVISIÓN DE ACUERDO AL MODELO PRO-SOCIAL:

El taller promueve actitudes y comportamientos pro-sociales gracias al contacto que se produce entre las personas que dirigen el taller, los penados y en su caso los supervisores de instituciones penitenciarias.

## LA PERCEPCIÓN DE JUSTICIA PROCESAL:

La evidencia empírica pone de manifiesto que la mayor motivación para respetar la ley en el futuro está directamente relacionada con la evaluación que realizan los penados sobre la imparcialidad de las decisiones adoptadas por las autoridades y de los procedimientos utilizados para ello. Según Tyler (1990) la valoración de imparcialidad es mayor cuando:

- Los penados han podido participar y dar sus opiniones a la hora de tomar decisiones.

- Cuando han sentido que el procedimiento era natural y estaba basado en criterios concretos y en una aplicación uniforme a las reglas.

- Cuando se habían sentido tratados con dignidad y respeto.

- Y cuando habían percibido que las autoridades habían considerado sus necesidades e inquietudes.

## LA INTERVENCIÓN SOBRE LAS NECESIDADES CRIMINÓGENAS:

Tradicionalmente se ha sostenido que el TASEVAL no funcionará para personas con especiales necesidades rehabilitadoras (pues no aborda directamente) los problemas criminógenos del penado (BLAY, 2007).

En la medida en que el juez acostumbra a imponer TASEVAL sin disponer de informes periciales o criminológicos que le ayuden en la elección del castigo, resulta necesario buscar soluciones dentro del modelo de ejecución, que permitan detectar la existencia de factores de riesgo de reincidencia, e intervenir sobre cuando éstos existan. A tal efecto, resulta fundamental el trabajo que realizan los delegados de ejecución, como responsables de una buena evaluación inicial a través de la primera entrevista con él y, en segundo lugar, como responsables de la definición del contenido de la actividad que el penado tendrá que realizar. Para esa evaluación habría que ver los indicadores individuales y sus necesidades según el siguiente cuadro, para poder individualizar cada tratamiento/taller a cada infractor con el consiguiente fin de que no vuelva a reincidir.

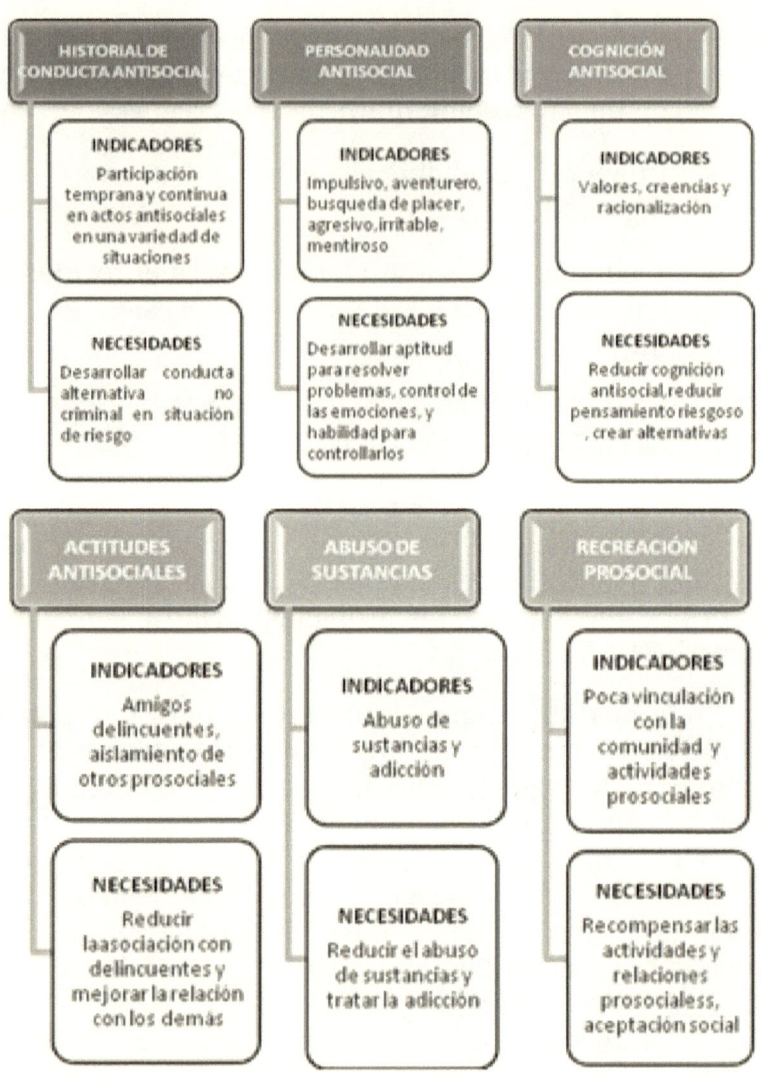

Figura 8: Factores asociados con la reincidencia y las necesidades criminológicas.

## 18. CONDUCCIÓN AGRESIVA, UNA PROBLEMÁTICA SOCIAL

Es un hecho indiscutible que los siniestros viales constituyen un problema social de gran importancia y repercusión, si atendemos al número de muertos y lesionados que se derivan de ellos en todo el mundo, y de forma especial en nuestro país. Repercusión asociada a un alto coste económico, y lo que es peor, de infinito sufrimiento humano.

Lo que si podemos afirmar hoy, es que el "factor humano" es el principal responsable de los siniestros viales, tal y como demuestran los datos objetivos provenientes de las demandadas macro-investigaciones o investigaciones en profundidad de las causas de los siniestros viales, en las que podemos observar que los errores de las personas están presentes entre el 71 y el 93%[6] de los siniestros ocasionados, bien como imprudencias, temeridades o simplemente errores y es entonces cuando el riesgo al circular se incrementa hasta niveles no admisibles y que han de evitarse.

Los casos de imprudencias graves  y temeridades tendrán su origen preferentemente en individuos con personalidades variadas, desde elególatra, pasando por el exhibicionista y el alcohólico y llegando hasta el suicida o el homicida. No son muchos conductores pero sin son multirreincidentes en sus acciones y por lo tanto causantes de múltiples siniestros, casi siempre con los más graves resultados.

---

[6] Según estudio realizado por NATIONAL HIGHWAY TRAFFIC SAFETY ADMINISTRASTION, en 1979.

Pero fundamentalmente es el conductor agresivo el que desencadena mayores riesgos para los usuarios de las vías, con unas conductas antisociales en la conducción y una preocupación por el mismo, sin importarle lo que tiene a su alrededor. Un estudio demuestra que el 80% de los españoles piensan que la conducción agresiva es un problema social muy importante, el 50% considera que se produce con relativa alta frecuencia y el 69% cree que se ha incrementado y sigue incrementándose en los últimos años[7]. Por otra parte, algunos estudios han establecido que la prevalencia de la conducción agresiva oscila entre un 20% y un 25% de los conductores (Galovski, T.E., Malta, L.S., y Blanchard, E.B., 2002).

## CONCEPTO DE CONDUCCIÓN AGRESIVA

Últimamente vemos como en las vías de nuestro país han aumentado las manifestaciones de ira y comportamientos agresivos al volante, con el consiguiente aumento de la inseguridad en la conducción.

Estamos ante un fenómeno en alza, ya que se ha rentabilizado y hoy en día el estudio de la agresividad al volante se ha convertido en una de las líneas de investigación más prometedoras en el ámbito de la seguridad vial. También auspiciado por los medios de comunicación, con un toque de sensacionalismo en sus noticias, dándole el nombre de "violencia vial",

---

[7] Estudio realizado por ATTITUDES (Audi) y la colaboración de INTRAS, en el año 2006.

también dado por el ex director de la Dirección General de Tráfico, Pere Navarro[8] .

Todavía no existe un consenso sobre la definición de los constructos que se utilizan en la investigación (Dula & Gueller, 2003). Así, se observa en la literatura científica que aparecen diversos términos tales como *aggressive driving, road rage* o *driving anger,* para referirse indistintamente al estudio de las emociones de la ira y los comportamientos agresivos al conducir. En algunos casos, estos términos se utilizan de manera superpuesta, reservando el término de road rage a las reacciones violentas con otros conductores (Deffenbacher, Lynch, Filleti, Dahlen y Oetting, 2003). En otros casos aparecen como sinónimos o términos intercambiables (Ayar, 2006; Britt & Garrity, 2006; Parkinson, 2001; Underwood, Chapman, Wrigth & Crundall, 1999) o se utilizan definiciones superpuestas (Sullman, Gras, Cunill, Planes & Font-Mayolas, 2007).

Con lo que respecta al término road rage, que traducido al castellano lo podíamos definir como violencia vial (aunque su traducción literal del inglés es ira al volante), se considera por muchos autores como un comportamiento criminal, aunque todavía no hay una definición unánime al respecto (Wells-Parker, Ceminsky, Hallbergs, Snow, Dunaway, Guiling et all., 2002). Podríamos considerar este término para cuando el conductor da un paso más en su agresividad al volante e intenta agredir físicamente a otro conductor o pasajero de otro vehículo (Deffenbacher,

---

[8] Comparecencia ante el Congreso para informar las posibilidades de impulsar una modificación normativa en materia penal y administrativa en relación con la seguridad vial. Congreso de los Diputados. Comisión no permanente sobre Seguridad vial y prevención de accidentes de tráfico, sesión nº 15 celebrada el 22 de febrero de 2006.

Lynch & Richards, 2003), tratándose de una agresión hostil emocional, cuyo objetivo principal sería provocar daño (Shinar, 1998) o intenta, con ayuda de su vehículo forzar al otro para intentar causarle algún daño a los ocupantes del mismo.

Anteriormente hemos visto varias formas de nombrar a la agresividad en la conducción, pero el término que mejor conjuga es *"aggressive driving"*, porque describe mejor los comportamientos objeto del estudio. Se debería unificar este concepto y no denominar las mismas conductas antisociales con diferentes nombres, ya que lo que haríamos seria duplicar la información expuesta.

La noción de agresión deriva del latín aggredi=acercarse. Se entiende en el sentido de atacar, pero también en el de hacer frente a un reto. La terminología misma expresa que se trata de imponer los deseos contra las resistencias mediante una violenta superación de las mismas recurriendo por ejemplo, a la lucha o la amenaza. En definitiva se trata de ejercer un dominio (Fisher. 1966).

Tal como dicen Edmunds y Kendrick, introducirse en el tema de la agresividad es entrar en una "jungla semántica". Se han dado muchas definiciones a la agresión, en las cuales lo común seria la noción que incorpora Buss de "una respuesta que se vuelve un estímulo nocivo para otro organismo"; el aspecto diferencial seria la conclusión del concepto de "intención" en el daño producido, el cual por algunos fue considerado innecesario por su condición mentalista y no es apropiado para un análisis riguroso. El problema es que, obviamente, muchas situaciones en las cuales un individuo daña a otro no constituyen agresión, debido a la falta de intención. De este modo Edmunds y Kendrick sostiene que el concepto de agresión debe incluir tres aspectos: la producción de un estímulo nocivo, el intento de dañar y el hecho de que el ataque tenga una probabilidad mayor a cero de ser exitoso.

Una de las definiciones más aceptadas es la de "la producción de un estímulo nocivo de un organismo hacia otro con la intención de provocar daño o con alguna expectativa de que el estímulo llegue a su objeto y tenga el efecto deseado (Kaplan, H. y Sadock, B., 1997).

Según la definición que hemos visto anteriormente, y aplicada a la conducción, la podemos definir **como cualquier forma de comportamiento de un conductor, con la que intenta directa o indirectamente provocar, perjudicar o causar daño de cualquier tipo a otras personas que comparten el espacio común por el que discurre el tráfico[9].** Generalmente se entiende en el sentido de impulsar acciones que superan notablemente las normas de comportamiento de conducción seguro y que directamente afecta a otros usuarios de la carretera colocándolos en peligro innecesario.

## CONDUCTOR AGRESIVO

Pero la conducta agresiva que se observa en muchas de las personas que conducen, no están siempre relacionadas con un rasgo de personalidad psicopático, en la mayoría de los casos las personas que manifiestan en determinadas ocasiones un tipo de conducta agresiva son personas que podemos calificar

---

[9] Definición dada por Luis Montoro Catedrático de Seguridad Vial.

de "normales", con un comportamiento adaptado en su vida ordinaria, que no obstante cuando se enfrentan a la tarea de conducir manifiestan una respuesta agresiva antes ciertas circunstancias del tráfico. Middendorff afirma que la raíz común entre la criminalidad y el mal comportamiento en la circulación es la personalidad del autor; respecto a esto, Mergen establece que *"no hay hechos ajenos a la personalidad"*, y continua diciendo que *no hay hechos sin motivación o causa, aunque si hay actos que pueden armonizar más o menos difícilmente con la personalidad de su autor*, presentándose muchas veces como *"ajenos a la personalidad"*, pero que no lo son. Frey y Göppinger, citados por éste aseguran que "todo ser humano ha sido infractor del Código de Circulación, al menos una vez en su vida".

Según Clarke y Felson (1993) toda persona tiene alguna probabilidad de cometer un delito y de ser delincuente en un momento dado y ciudadano respetuoso con la Ley en el momento siguiente, afirmación que se corresponde mucho con los delincuentes viales.

La agresividad es uno de los comportamientos que parece caracterizar más al hombre al volante. En principio podría pensarse que los propios vehículos son la causa directa de la aparición de tales conductas, cuando en realidad estos no son más que el instrumento de su manifestación. Los comportamientos agresivos de los conductores tienen raíces mucho más profundas de lo que en principio pudiera pensarse. De hecho, son una buena medida la expresión de que vivimos en un ambiente especialmente propicio para generar agresividad. Lo que sí está claro es que las personas "conducen como viven" (Tillman y Hobbs, 1949).

Aunque no hay un perfil definido de conductores agresivos, la agresividad en la conducción en la mayoría de los casos corresponde a un estado y no a un rasgo estable de comportamiento, aunque hay ciertos patrones de personalidad que están presentes en este tipo de conducción agresiva como son las personas impulsivas y con baja tolerancia a la frustración.

Según Ernes Seeling estos conductores entrarían dentro del grupo de los denominados "delincuentes por falta de disciplina social" y los etiqueta como infractores de las normas de circulación. Dice que son "individuos que no presentan ninguna tendencia criminal, pero que sin embargo no son capaces de mantenerse dentro de los límites establecidos por las leyes. No presentan ninguna característica física, psicológica o de carácter típica que los diferencie del resto de personas normales".

El Dr. Vicente Garrido Genovés afirma que el perfil de los conductores agresivos se corresponde mucho con la personalidad del delincuente reincidente, y se caracterizan por tener un "ego inflado", por "amar el riesgo y la transgresión de las normas", por no adaptarse la conducción a las circunstancias que requieren la vía por la que circulan y personas que acumulan gran cantidad de sanciones. Además, estos conductores perciben las faltas o errores de los otros conductores como intencionados, tomándoselo como algo personal y sobre todo piensan que quieren perjudicarles. El conductor agresivo es una persona que encuentra en el acto de conducir una manera de expresarse, despreciando el interés de los otros y afirmándose, pero sintiéndose especial en todos los contextos y no solo en el vehículo. Desde otra perspectiva, las investigaciones ofrecen precisas descripciones del prototipo de conductor agresivo. Sería aquel individuo que manifiesta tendencias antisociales y violentas, desajustado e incontrolado en sus comportamientos, con un escaso nivel de eficacia y de control personal, y que, en consecuencia, es incapaz de reaccionar adecuadamente frente al estrés emocional intenso. Estas personas buscan encontrar formas alternativas, pero inadecuadas, de responder a sus sentimientos hostiles subyacentes, recurriendo al alcohol o al vehículo, con la expectativa de reducir su ansiedad, intentando incrementar así su sentimiento de eficacia y su superioridad frente a los demás. Todo ello les lleva a aumentar su nivel habitual de agresividad, dando lugar a estilos de conducción violenta, competitiva, arriesgada, temeraria, que busca sensaciones nuevas e intensas y que por tanto les convierte en individuos de alto riesgo.

Las emociones son un factor desencadenante de nuestra agresividad en la conducción, y así lo demuestra un reciente estudio realizado por Prevensis, afirmando que el 84,5% tiene un control emocional bajo y establece que las situaciones que más nos alteran (y que por lo tanto crean agresividad) son el tener un altercado con otro conductor, tener al conductor que nos precede pegado a nosotros, intensidad del tráfico, etc. Y nos da el perfil del conductor inestable, que a su vez tiene muchos de los rasgos del conductor agresivo, juzga a los demás conductores, es competitivo, mantiene el motor a altas revoluciones y va a velocidad superior a la permitida.

## PRINCIPALES MANIFESTACIONES DE LA CONDUCCIÓN AGRESIVA

Son muchas las manifestaciones de la conducción agresiva, las cuales hemos dividido en tres niveles, 1, 2 y 3, que dependerá de las actitudes de los conductores.

**Nivel 1:** en este nivel podemos considerar a los conductores que son impacientes en el tráfico, que como norma general, siempre van con prisas.

**Nivel 2:** cuando están en este nivel, los conductores buscan la lucha por el poder en la vía, impidiendo el paso a los demás e incluso llegan a insultarles y amenazar a los otros conductores.

**Nivel 3:** es la máxima exponencia del conductor agresivo, es el que tiene desprecio por la vida de los demás, circulando a velocidad excesiva y suele estar bajo la influencia de bebidas alcohólicas. Llegando a considerarse a los conductores que están en este nivel como delincuentes viales.

En el siguiente cuadro observamos las principales manifestaciones que muestran los conductores y en el nivel en el que están recogidas.

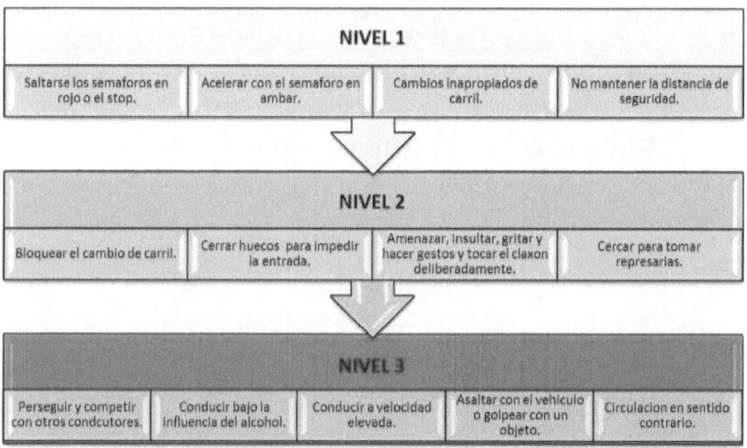

Figura 9: Principales manifestaciones agresivas y su nivel correspondiente.

## CAUSAS QUE AGRAVAN LA AGRESIVIDAD AL VOLANTE

Existen factores que desencadenan la agresividad en la conducción, que en este estudio los hemos dividido en dos, los factores internos y los externos. Cada uno de ellos están compuestos por diferentes agravantes, que no se tienen que dar todos para que lleguen a afectar a la persona, todo dependerá de la situación personal de cada conductor y su resistencia ante ciertas circunstancias.

Los factores que agravan la agresividad son[10]:

> ➢ Factores internos (causas endógenas): son factores psicofísicos, en los que no depende nada del ambiente exterior, como el estrés por ejemplo; incluyéndose en este factor a cualquier elemento o sustancia que modifique el normal funcionamiento del cuerpo humano, como la ingesta de bebidas alcohólicas y las drogas.
> ➢ Factores externos (causas exógenas): son los factores ambientales, lo que nos rodea cuando vamos conduciendo, como puede ser el ruido, el calor, la congestión del tráfico, etc.

---

[10] Se desarrollan en capítulos posteriores.

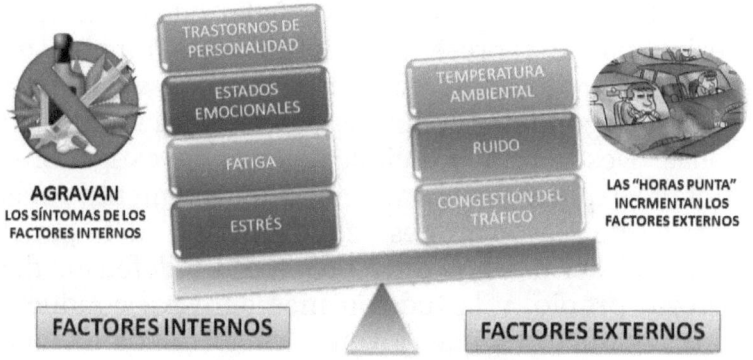

Figura 10: Factores internos y externos y sus agravantes.

## FACTORES INTERNOS

El estado emocional y la personalidad del conductor apuntan que las conductas agresivas en la conducción son desencadenadas por una gran variedad de estímulos. Algunas son provocadas por las acciones de otros conductores; otras por la propia congestión y situación del tráfico. Pero la mayoría de conductas agresivas en la conducción son causa del propio humor y reacciones del conductor cuando se encuentra al volante de un vehículo.

Se podría decir en definitiva que un importante determinante de la aparición de conductas agresivas es el propio estado emocional del conductor. Por ejemplo, un conductor triste, frustrado, colérico o preocupado podría ser más sensible a la conducta amenazante de otro conductor.

En nuestras sociedades hay una tendencia generalizada a considerar el vehículo como un territorio privado sobre la calzada, una especie de hogar con ruedas, que se desplaza con uno mismo y cuya integridad hay que mantener a toda costa. En este sentido, parece justificable señalar que el impulso agresivo puede representar sentimientos innatos de derechos territoriales, sirviendo de base a gran cantidad de conductas peligrosas y desconsideradas en las vías. Desde esta posición, algunos investigadores intentan explicar la conducta supuestamente más agresiva de los varones en términos del papel tradicional del macho como proveedor y defensor del territorio propio, y la todavía más agresiva conducta de los conductores más jóvenes en términos de que llegan a considerar el vehículo como su única y más importante posesión personal, concentrando por ello en él todos sus "instintos territoriales".

También en los tiempos que vivimos vamos siempre con prisas y de un lado a otro sin parar y esto genera en nuestro organismo estrés y fatiga, que pueden desencadenar en agresividad en la conducción.

## EL ESTRÉS

Es un proceso psicológico normal que te permite dar respuesta a situaciones problemáticas para las que no tienes una solución clara. Los problemas del estrés ocurren cuando la reacción de alarma alcanza una intensidad elevada o cuando se prolonga en el tiempo más de lo necesario.

En las situaciones del tráfico, las manifestaciones del estrés suelen ser inútiles, contraproducentes y aumentan los riesgos para la seguridad.

En ciertas personas, con unos aspectos característicos en su personalidad (persona dominante y que no expresa sus sentimientos) el estrés que se le acumula por su vida cotidiana, genera un ciclo de respuesta agresiva que se retroalimenta y cada vez va a más.

En el proceso del estrés podemos distinguir tres etapas:

- Reacción de alarma: es la primera etapa, en ella el organismo moviliza gran cantidad de energía y se adapta para poder hacer frente a la situación que ha desencadenado el estrés. El comportamiento del conductor se vuelve más competitivo, agresivo u hostil, lo que da lugar a provocaciones al resto de usuarios de la vía. También puede llegar a reaccionar con impaciencia e impulsividad, lo que hace que tiendan a aumentar la velocidad y a cometer graves errores en la toma de decisiones, además de disminuir la capacidad de anticipación a los eventos del tráfico. E incluso se puede llegar a actuar de forma imprudente o temeraria, lo que se acompaña de una menor percepción del riesgo y una mayor tolerancia al mismo.
- Fase de resistencia: pueden aparecer las mismas alteraciones que en la fase de alarma, aunque con una menor intensidad, agresividad, hostilidad, competitividad, impaciencia, impulsividad, menor prudencia, conductas temerarias y menor respeto a las normas de circulación.
- Fase de agotamiento: en esta última fase es más probable que el conductor actué de forma temeraria, ya que tolera un mayor nivel de riesgo y mostrará un menor respeto por las normas de circulación y convivencia del tráfico.

## LA FATIGA

Los efectos que puede producir la fatiga en el conductor son varios como, la alteración de sus sensaciones y percepciones, altera los movimientos, empeora el procesamiento de la información y lo que es más peligroso cambia el comportamiento del conductor.

La fatiga al alterar el comportamiento del conductor puede:

- Aparecer la desgana al volante, por lo que empieza a conducir de manera automatizada y mucho menos activa.
- Puedes asumir mayores riesgos al volante. Eres menos crítico con tu conducta y es probable que empieces a tener comportamientos muy peligrosos.
- Son frecuentes los estados de ansiedad y de irritabilidad en el conductor fatigado, lo que además puede aumentar las conductas hostiles o agresivas.

A los efectos expuestos anteriormente en la persona se le pueden sumar otros desencadenantes que los agravarían aún más, como son el alcohol y las drogas.

## EL ALCOHOL

Sabemos que el alcohol incrementa la agresividad de los conductores y es una de las variables que mayor relación tiene con las infracciones de seguridad vial (Lapham, Stout, Laxton & Skipper, 2011); y según McMurran, el efecto del alcohol reduce la ansiedad social y aumenta el comportamiento agresivo, sobre todo en las personas antisociales.

El alcohol es la droga (legal) más consumida en nuestro entorno sociocultural, de la que más se abusa y la que más problemas sociales y sanitarios causa (siniestros viales, laborales, malos tratos, etc.).

Es un depresor del sistema nervioso central que adormece progresivamente el funcionamiento de los centros cerebrales superiores, produciendo desinhibición conductual y emocional.

Diversos estudios han constatado que el consumo (y el abuso) de alcohol se hallan estrechamente relacionados con la conducta infractora al volante (Dobson, Brown, Ball; Powers y McFadden, 1999; Donovan, Marlatt y Salzberg, 1983; Wilson y Jonah, 1985). Además, el consumo de alcohol al volante es una práctica habitual en nuestro país (Del Rio, González-Luque y Álvarez, 2001) y se calcula que entre el 30 y el 50% de los siniestros mortales están relacionados con el alcohol, especialmente durante la noche y el fin de semana (Calafat, Adrover, Juan y Blay, 2008).

Herraiz, F. (2009) observó cómo el problema del alcoholismo incide en la conducción agresiva y en otra investigación nos establece que las personas solteras, divorciados o viudos tienen una probabilidad más alta de reincidir en la conducción bajo la influencia del alcohol que las personas que están casadas o viven en pareja (C, de Baca et al.; 2001; Nochajski y Wieczorek, 2000) y por lo tanto son agresivas al volante.

Como sabemos no es necesario que exista una tasa alta de alcoholemia, sino que a tasas bajas y medias el riesgo de producir un siniestro vial es considerable, sobre todo por la acción que el alcohol tiene sobre el sistema nervioso, ya que de él depende en gran medida, las aptitudes y comportamientos del conductor. Así, en una primera etapa, el alcohol produce un estado de desinhibición que se traduce en una aparente estimulación, disminuyendo la capacidad de atención y de procesar la información sensorial que llega al cerebro, siendo el tiempo de reacción el primero que se ve afectado. A medida que aumenta la alcoholemia se produce una disminución de la capacidad auditiva y asociativa, con pérdida de reflejos y sueño.

Podemos asociar en tres grupos los efectos que produce el alcohol sobre la conducción de vehículos:

## 1. Efectos sobre la función psicomotora

En un primer momento, con cantidades bajas de alcohol, el sujeto se siente desinhibido, despreocupado, locuaz, etc. A medida que el nivel de alcohol en sangre es mayor, el individuo pierde el control emocional, pudiendo volverse agresivo, y menos responsable, es el momento en que se llevan a cabo las conductas temerarias. La percepción se reduce y el individuo se distrae fácilmente. Se altera el juicio, y se produce falsa sensación de confianza, se altera la capacidad de juzgar o apreciar la velocidad, la distancia y la situación relativa del vehículo, así como la capacidad para seguir una trayectoria y hacer frente a lo inesperado, debido al enlentecimiento de las reacciones psicomotoras. Es este retraso en la respuesta, el factor más importante ya que el alcohol aumenta el tiempo de reacción.

Por otra parte, el alcohol produce importantes efectos sobre la coordinación de movimientos, disminuyendo la capacidad para conducir, incrementando el riesgo de tener u siniestro.

## 2. Efecto sobre los sentidos

El alcohol produce importantes efectos sobre la visión y reduce la capacidad para ver los objetos distantes, se reduce en más del 25% la visión nocturna. La capacidad para seguir objetos en movimiento se deteriora. El campo visual se reduce, perturbándose la visión periférica y lateral.

Además, el alcohol influye sobre la capacidad auditiva, alterando la distinción de los sonidos. Se crea una situación de monotonía y de somnolencia.

## 3. Efectos sobre el comportamiento y la conducta

El alcohol produce un efecto de sobrevaloración del sujeto, seguridad en sí mismo, de tal forma que la persona no es consciente de que se ha producido un deterioro de sus funciones.

Por otra parte, el alcohol puede alterar la conducta y bajo sus efectos son frecuentes las reacciones de euforia, agresividad y conductas temerarias. Tras un siniestro vial, el conductor de un vehículo que se encuentre bajo los efectos del alcohol tiene tres veces más posibilidad de padecer lesiones mortales que quien esté libre de él, a igual severidad y circunstancias del siniestro.

La consecuencia para la seguridad vial por la ingesta de bebidas alcohólicas sabemos que es tremenda, el alcohol está presente en un gran número de siniestros viales, especialmente, en los de mayor gravedad. Entre un 30% y un 50% de éstos tienen al alcohol como factor influyente o desencadenante.

Estadísticamente también queda demostrado que el riesgo de sufrir un siniestro vial mortal aumenta progresivamente a partir de un nivel de alcohol de 0,2 gr / l y que con el 0,8 gr / l, este riesgo es hasta 20 veces mayor que el de aquellos conductores que no han ingerido alcohol. Este riesgo va aumentando según la cantidad de alcohol en sangre y es diferente según la edad del conductor.

Es muy ilustrativa la "Curva de Freudenberg" donde se reflejan las relaciones entre las cifras de alcoholemia y el riesgo de sufrir un siniestro vial.

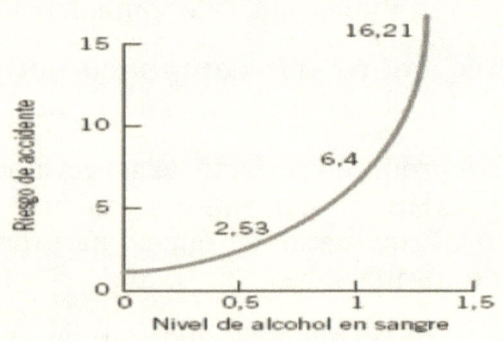

Figura 11: Curva de Freudenberg.

## LAS DROGAS

La mayoría de las drogas de abuso alteran gravemente las capacidades para conducir y nos producen más agresividad al volante; siendo las drogas más consumidas en España: el cannabis, la cocaína, el éxtasis y las anfetaminas; todas estas drogas mezcladas con alcohol hacen que des un índice alto de alcoholemia, sin ser consciente del deterioro de tus capacidades psicofísicas.

Los efectos que las distintas sustancias psicotrópicas tienen sobre la conducción son distintos según la sustancia de que se trate, tanto el tipo de sustancia como la dosis consumida, la idiosincrasia personal y el momento en que se tome. No obstante, se conocen los síntoma propios resultantes de la acción de cada sustancia sobre el organismo y que, en lo referente al sistema nervioso, pueden interferir con las capacidades precisas para una conducción segura.

El estudio DRUID (Driving Under Influence of alcohol and Drugs) que ha promovido la Comisión Europea con la colaboración de la DGT nos deja un dato preocupante, ya que un 16,9 % de los conductores las consumen antes de conducir.

Entre las principales conclusiones del estudio tenemos que conducir después del consumo de sustancias psicoactivas es un hecho frecuente en España, alcanzando el 16,9 % de los conductores españoles. De ellos, un 4,6 % había consumido sólo alcohol, el 11% había tomado otras drogas y el resto, algún fármaco incompatible con la conducción.

Según el informe, el alcohol al volante ha sido objeto de una política disuasoria, cosa que no ocurre en el campo de las otras drogas. Sin campañas de información y concienciación, el problema pasa desapercibido hasta que un estudio como el DRUID[11] las pone sobre la mesa. Así se explica que de los 13 países europeos participantes, sólo Italia esté por encima de España en positivos por estas sustancias.

---

[11] Estudio realizado en el marco del PROYECTO EUROPEO DRUID (Driving Under the Influence of Drugs, Alcohol and Medicines). CONTRACT No TREN-05-FP6TR-S07.61320-518404-DRUID. Task 2.2.a. http://www.dgt.es/was6/portal/contenidos/documentos/seguridad_vial/estudios_informes/informe_final_druid_prevalencia_espana.pdf

De todos los datos recabados se deduce que el retrato robot del conductor con el factor de riesgo de drogas al volante es el de un varón joven que circula un día festivo de madrugada por una vía urbana.

Nos debe preocupar al igual que con el consumo de alcohol, ya que las drogas nos producen emociones contradictorias y alteran gravemente nuestra conciencia, y nos hacen tener conductas muy agresivas en la conducción, llegando a cometer verdaderas temeridades al volante con el consiguiente peligro para la seguridad vial.

## FACTORES EXTERNOS

Es ampliamente aceptado que existen numerosas variables ambientales que pueden, bajo ciertas circunstancias, bien provocar agresión, bien incrementar la probabilidad de su ocurrencia. El ambiente físico en el que se encuentra inmerso el conductor (ruido, hacinamiento, calor, retenciones, etc.) puede influir notablemente sobre el estado fisiológico, sobre la calidad del desempeño en la conducción, sobre los juicios y deseos, y en definitiva, sobre nuestro modo de relacionarnos con los demás cuando conducimos.

- Entre algunos de los elementos externos que pueden propiciar la aparición de comportamientos agresivos estarían los siguientes:

- La temperatura ambiental: La incidencia de delitos violentos ha sido ampliamente señalado que se incrementa durante los meses de verano. Si el ambiente es caluroso y húmedo, el conductor es más proclive a sentirse frustrado o colérico, llevándole a adoptar conductas agresivas.

- El ruido: Varios estudios demuestran que un ruido estrepitoso o irritante crea altos niveles de agresión. Otros estudios indican, curiosamente, que el ruido repercute en la intensidad de la agresión latente o que ya ha sido provocada, más que añadirse a otras variables que podrían conjuntamente culminar en agresión. La probabilidad de encontrar cualquier relación causal entre el ruido y la presencia o intensidad de la agresión parece residir en el nivel de control que el conductor tiene sobre el ruido. Si no posee control sobre el volumen o duración de un ruido irritante, el nivel de agresión provocado por cualquier otra cosa es probable que surja con más facilidad.

- La congestión en el tráfico: es una de las condiciones asociadas más frecuentemente con la conducción agresiva. Variables como la vía, las actitudes de otros conductores y elementos mecánicos -como los semáforos- interactúan con la congestión y el tiempo de presión aumentando la conducta agresiva. Sin embargo los efectos de la congestión sobre la agresión son difíciles de calibrar o cuantificar, principalmente porque, a diferencia del ruido y la temperatura, la congestión es una característica ambiental totalmente subjetiva (por ejemplo, en función de la prisa que se tenga o el tipo de ciudad en que se vive). Shinar & Compton (2004) hallaron que la probabilidad de comportarse agresivamente en la conducción, aumentaba cuando las congestiones o retenciones se producían en las horas punta.

Se debe señalar respecto de estos dos factores ambientales comentados, la temperatura y el ruido, la importancia que tiene la falta de confortabilidad física que estos producen. Una persona que físicamente se encuentra cómoda es más tolerante con los demás y suele tener menos conductas agresivas.

Algunos autores consideran los "factores externos" como variables fundamentales para la desencadenación de la agresividad del conductor e incluso le dan más importancia que a los "factores internos" (Shinar, 1998).

## CONCLUSIONES

Una de las conclusiones más clara que se pueden obtener es "que se conduce como se vive", y si vivimos en una sociedad del estrés, las prisas, las preocupaciones, los despistes, el alcohol, la violencia, etc., entonces conduciremos con AGRESIVIDAD.

Todo es producto de la sociedad, del ambiente que rodea al conductor, mayoritariamente producido por el estrés laboral y la competitividad que existe hoy en todos los ámbitos que nos rodean. Y después se utiliza el vehículo como proyección de nuestros más elementales instintos. La conducción por sí sola no genera agresividad, cada uno conduce como es, acorde con su personalidad. El vehículo nos genera circunstancias (tales como, tensión, soledad, hastío de horas al volante, comportamientos inaceptables de otros, sensación de fortaleza e impunidad, etc.) que liberan agresividad que pueden no manifestarse fuera del vehículo. Para reducir la agresividad al volante, hay que repasar todos los factores que lo originan. Hay que cambiar los valores sociales, desvalorizar el riesgo al volante, pero no porque las personas no tengan un derecho a tener su propio riesgo, sino por el riesgo que generan a la seguridad vial; hace falta mostrar que lo social y lo ambiental (el entorno que nos rodea, como las vías, señalización, publicidad, etc.) también es importante y que la evitación del daño está por encima de todo. Hay que hacer "ver" que se necesita un reconocimiento social a esta problemática social como argumento colectivo basado en una realidad consolidada, en la que intervengan todas las Administraciones y las Fuerzas de Seguridad para poder erradicar las conductas antisociales al volante. Y sobre todo, introducir un elemento corrector en el factor educacional, llamado EDUCACIÓN VIAL, muy importante para conseguir una unificación social que asuma frontalmente la situación, tanto en el ámbito educativo, como en el familiar, institucional, etc.

Para acabar dejamos una pregunta que apareció en el programa SARTRE 3[12] que viene relacionada con el tema que nos ocupa, y que es la siguiente:

## ¿Has tenido alguna experiencia de conducta agresiva en los últimos doce meses?

**A) DE USTED HACIA OTROS   B) DE OTRO USUARIO HACIA USTED**

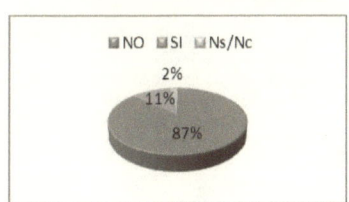
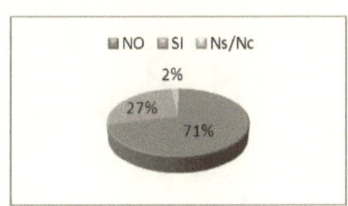

---

[12] Proyecto europeo sobre actitudes y conductas frente al riesgo vial, en el año 2005.

Quedando constatado la relevancia que tiene la agresividad de la conducción en las vías y confirmando la prevalencia de la conducción agresiva establecida por Galovski y sus colegas.

## 19. EL FACTOR GÉNERO EN LOS DELITOS CONTRA LA SEGURIDAD VIAL

Según Clarke y Felson (1993) toda persona tiene alguna probabilidad de cometer un delito y de ser delincuente en un momento dado y ciudadano respetuoso con la Ley en el momento siguiente, afirmación que se corresponde mucho con los delincuentes viales, pero pese a esta probabilidad, la cual se da con frecuencia en el tráfico rodado, el infractor es mayoritariamente el hombre, igual que en la delincuencia común.

Pollak da una explicación al porque de la poca o escasa delincuencia femenina por medio del *"efecto iceberg"*[13] de la forma siguiente: la mujer comete delitos pero estos permanecen ocultos debido a que está especialmente dotada para la actividad delictiva; su habilidad para engañar y manipular al hombre le permite evitar ser detenida.

A partir del año 2007 hay una "revolución" en España en cuanto a legislación penal como consecuencia de la reforma operada por la LO 15/2007 de 30 de noviembre de reforma del código penal en materia de seguridad vial, buscando una reducción de la siniestralidad en las vías objeto de la ley e intentando una reducción de las conductas agresivas al volante (*aggressive driving*). Se consideran conductas agresivas la velocidad excesiva y conducción bajo la influencia de drogas toxicas, estupefacientes,

---

[13] Efecto Iceberg: quiere decir que el número de delitos conocidos es sólo una pequeña parte del total (parte visible), pues de los cometidos, sólo un porcentaje es denunciado, del cual sólo un porcentaje es registrado y juzgado y del cual, a su vez, sólo una parte es objeto de sanciones.

sustancias psicotrópicas o bebidas alcohólicas; aunque no pongan en concreto peligro la vida de los demás usuarios de la vía. El fin de esta nueva legislación en esta materia es la de establecer una sanción para los delitos contra la seguridad vial sólo por el mero hecho de existir un "riesgo abstracto" del delito tipificado.

Se puede pensar que los hombres cometen más delitos contra la seguridad vial porque hay más hombres que mujeres los que disponen del permiso de conducción, siendo esto una creencia errónea; desde el año 2004 hasta el 2013 hubo un incremento de 2.083.873 conductoras, mientras que en ese periodo el hombre se incrementó en 1.298.363 (fig. 12)

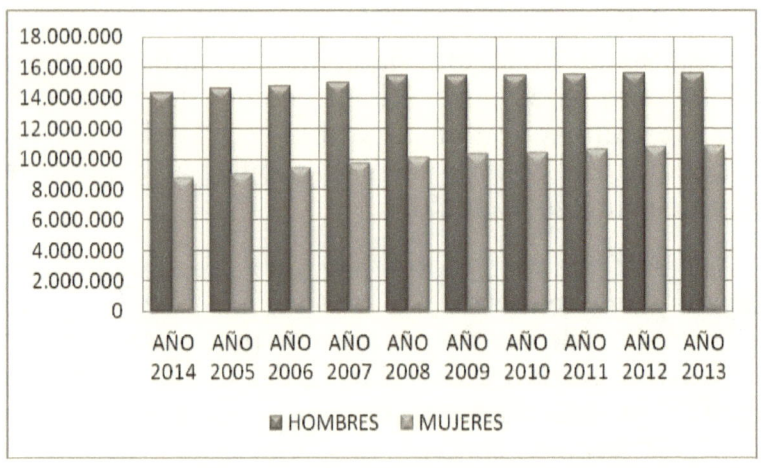

Figura 12: Evolución de permisos de conducción según sexo.

La mujer poco a poco se ha ido introduciendo a la conducción de vehículos, esto se debe a su cambio de rol en la sociedad actual, pasando de ser ama de casa a incorporarse al mundo laboral y conseguir más independencia. En la actualidad el hombre representa el 59,15% de los permisos expedidos por la DGT y la mujer el 40,85%, datos a 31 de diciembre de 2013. (Ver figura 13).

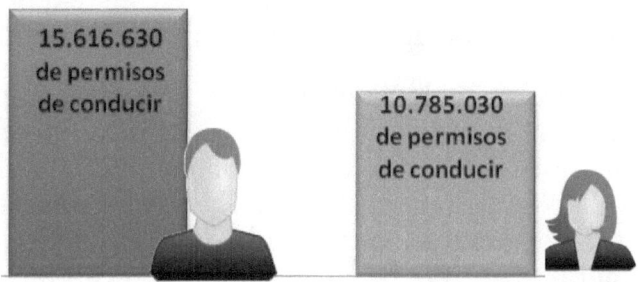

Figura 13: Número de permisos de conducción en el año 2013 según sexos.

Tenemos que partir de que la Criminología y la delincuencia no son sólo cosas de hombres, y sin embargo lo parecen[14]. La criminología desde sus inicios no se ha preocupado de diferenciar la delincuencia por género, aunque a partir de mediados del Siglo XX empiezan a surgir investigaciones al respecto, por medio de las corrientes feministas, cuyas perspectivas defienden que las teorías criminológicas actuales son androcentristas, basadas exclusivamente en experiencias masculinas y en la única interpretación del varón sobre el mundo social. Según este enfoque, se ha obviado algo fundamental a la hora de realizar dichas teorías: la propia estratificación sexual de nuestra sociedad y su forma de organización. Este hecho es muy relevante ya que, como estableció Chesney-Lind, el género constituye un factor estructural que divide la vida social en dos formas diferentes de afrontarla e interpretarla (mujeres y

---

[14] Fernando Gil Villa, la delincuencia y su circunstancia. Ed: Tirant lo Blanch. 2004.

hombres). Estas teorías pusieron de manifiesto el estudiar la relación entre género y la ruptura de las normas e impulsado los estudios de la mujer como víctima. Gracias a esta nueva visión, se pueden aclarar muchos de los vacíos existentes en las explicaciones del delito. En palabras de Garrido y otros (2006):

"...en Criminología el género no puede seguir siendo considerado una variable más (del mismo nivel que la educación, la familia, la inteligencia, etc.) a la hora de estudiar la delincuencia (...) el género constituye un factor estructural, que divide la vida social en dos maneras distintas de afrontarla e interpretarla: la de las mujeres y la de los hombres (Garrido y otros, 2006: 419)."

## HIPÓTESIS

A la luz de la evidencia revisada anteriormente en la exposición de motivos, y a pesar de sus limitaciones, paso a exponer en el presente trabajo una hipótesis general y de modo más específico otras más concretas derivadas de la general, a saber.

**HIPÓTESIS GENERAL**: ¿Qué género comete más infracciones penales en materia de seguridad vial?

La Hipótesis general está de sobra contestada, no sólo para estos tipos de delitos sino de forma general para la delincuencia. Por eso a partir de esta hipótesis me planteo las siguientes:

**Hipótesis 1a (H1a):** ¿la delincuencia vial masculina tiene las mismas tasas que la delincuencia en general?

**Hipótesis 1b (H1b):** ¿la delincuencia vial femenina tiene las mismas tasas que la delincuencia en general?

Y relacionado con las hipótesis anteriores, e intentando averiguar el porqué de la diferenciación de género en los delitos que nos ocupa la investigación, proponemos las siguientes:

**Hipótesis 2 (H2):** ¿la agresividad en la conducción es un factor diferenciador de género?
**Hipótesis 3 (H3):** Los rasgos de personalidad, ¿son predictores de esta diferenciación de género?

## TIPOLOGÍAS DE LOS DELITOS VIALES

Kaiser en su obra sobre "Introducción a la criminología" (1988) estableció en la que dice que la delincuencia vial se pueden distinguir tres grandes grupos de delitos:

- Delitos culposos. Según este autor, el saber experimental sobre los delitos culposos es muy pequeño, y ello se debe a que este grupo de delincuentes pasan por ser "terriblemente normales". Incluye en este grupo el homicidio y las lesiones culposas, producidos con el vehículo como instrumento.

- Delitos dolosos. Grupo en el que deben incluirse la conducción sin permiso (tanto por no haberlo obtenido, como por haber sido privado de él), y el conducir con elevadas tasas de alcoholemia. En este último caso, también cuando se produce una fuga (omisión del deber de socorro, normalmente como resultado del miedo a las consecuencias.

- Delitos de "posición intermedia". Incluibles entre el primer y segundo grupo, concretando entre éstos el caso de la omisión del deber de socorro, sin que la persona lo haga influenciada por los efectos del alcohol, como es el caso de la fuga incluible entre los delitos dolosos.

Añade que, sólo entre cuatro tipos de delitos, se reúne más del 80% de la delincuencia vial, cuya totalidad se distribuye porcentualmente de la manera:

- Embriaguez al volante (32%).
- Lesiones culposas (19%).
- Conducción sin permiso (18%).
- Fuga después del siniestro vial (15%).
- Otros (16%).

Como veremos a lo largo del estudio, la mayoría de las tipologías expuestas son realizadas por el sexo masculino, a excepción de una, la fuga después del siniestro vial. Germann encontró que para el delito de fuga la mujer "era reo de este delito relativamente en la misma proporción, o incluso en una mayor proporción, que el hombre", con la salvedad que en los siniestros que la mujer estaría involucrada serían de carácter leve.

Hay que decir, que el correspondiente delito de fuga se podría corresponder al delito de omisión del deber de socorro[15] en nuestra legislación penal, y es cometido por el implicado en un siniestro vial que no socorre a la víctima y con todos los requisitos legales que exige la ley como son que la víctima se halle desamparada -no puede prestarse ayuda a sí misma y no está recibiendo ayuda de nadie- y en peligro manifiestamente grave, y que el causante no la

---

[15] Artículo 195 del Código Penal.

socorriere cuando pudiera hacerlo sin peligro propio ni de terceros.

Pero la gran mayoría de los siniestros viales son con daños materiales, y para estos casos el conductor que se da a la fuga se expone como mucho a una sanción de 200 euros y 4 puntos de retirada del permiso de conducción por infracción al reglamento general de circulación, pero no por darse a la fuga, ya que este precepto no se encuentra regulado, sino por no facilitar sus datos a los demás implicados.

También el porcentaje en términos absolutos, en cuanto a la criminalidad vial femenina se refiere, es más alto en el delito de conducir sin permiso de conducción con respecto a las lesiones culposas y la embriaguez al volante, según Günther Kaiser criminólogo y penalista alemán.

## COMPARATIVA DE LA DELINCUENCIA Y ESPECÍFICA

Las estadísticas, tanto de autoinculpación y de victimización como las cifras policiales, judiciales y penitenciarias evidencian la diferencia radical entre las tasas de la delincuencia masculina y femenina. Según cifras oficiales del Ministerio del Interior, los varones cometen más del 90% de los asesinatos, robos con violencia, lesiones y delitos sexuales, y por encima del 60% de los delitos contra la propiedad y tráfico de drogas. Y según estudios de autoinformes con jóvenes la mayor participación de los varones tiende a incrementarse a medida que aumenta la gravedad y la violencia de las conductas infractoras consideradas[16].

---

[16] Aebi, M. (2009) Self-Reportd Delinquency Surveys in Europe. En Assessing Deviance, Crime and prevention in Europe.

Los delitos cometidos por las mujeres tienen una menor violencia que los cometidos por los hombres, y en general las mujeres suelen estar implicadas en delitos de hurtos, en desórdenes públicos y en delitos relacionados con la prostitución.

Hubiese sido interesante en un principio ver la diferencia entre el número de imputaciones y las condenas, para saber si la diferencia se da en el número de imputados o es el sistema judicial quien filtra o procesa de forma diferente esa realidad; pero ese dato actualmente es difícil de conseguir ya que no todos los cuerpos de policía envían los datos estadísticos al Ministerio del Interior (actualmente los datos de la memoria del MIR están compuestas por las fuerzas y cuerpos de seguridad del Estado, las policías autonómicas y algunos cuerpos de la policía local, los cuales a partir de este año 2015 están obligados a hacerlo). Aunque con los pocos datos estadísticos que disponemos (ver tabla 1) observamos que la delincuencia vial masculina va disminuyendo, mientras que la femenina va en aumento, un primer dato interesante de estudio.

| | AÑO 2011 | AÑO 2012 | DIF. 2011-2012 | AÑO 2013 | DIFERENCIA 2011-2012 |
|---|---|---|---|---|---|
| HOMBRE | 47556 | 43870 | -7.8% | 40276 | -8,2% |
| MUJER | 3536 | 3571 | +1% | 3654 | +2,3% |

Tabla 1: Detenciones e imputaciones por causa de infracción penal vial (elaboración propia, datos MIR)

Un aspecto relativo a la tabla expuesta anteriormente y que nos hace pensar es si este resultado es producto de la casualidad o que se están

Guyancourt-France: Grope European de Recherché sur les Normatives.

realizando más controles de tráfico a la población femenina. Al hombre se le controla más en el tráfico rodado que a la mujer, esto es debido también a su comportamiento en ella y puede ser también por las conductas airosas que tienen los hombres hacia los agentes encargados de la vigilancia del tráfico (Deffenbacher et al. 1994; Dellhome y Villieux, 2007). Siendo probable que los hombres consideren la vigilancia del tráfico como una interferencia injusta o ilegítima, que frustra la consecución de sus metas y sus objetivos y que ello le genere más enfado[17] y por ende más propensión a ser investigado por los agentes de la autoridad. En España según datos del INE (Instituto Nacional de Estadística) los condenados por delitos en general corresponden el 90,8572% al hombre y el 9,1428% a la mujer (ver tabla 2), datos estriados del periodo 2007-2013 (como he comentado en la introducción se establece el año 2007 como partida de este trabajo por el cambio legislativo tan importante que hemos sufrido en materia de seguridad vial).

| AÑO | CONDENAS | HOMBRES | | MUJERES | |
|------|----------|---------|-----|---------|-----|
| 2007 | 213740 | 196564 | 92% | 17176 | 8% |
| 2008 | 266847 | 245131 | 92% | 21716 | 8% |
| 2009 | 278703 | 254591 | 91% | 24112 | 9% |
| 2010 | 266548 | 242165 | 91% | 24383 | 9% |
| 2011 | 273965 | 248166 | 91% | 25799 | 9% |
| 2012 | 275130 | 247364 | 90% | 27766 | 10% |
| 2013 | 275196 | 246144 | 89% | 29052 | 11% |

Tabla 2: Condenas totales, por sexo y porcentaje (elaboración propia, datos INE).

---

[17] Berkowitz, 1993.

Siguiendo el mismo criterio que el establecido anteriormente, observamos como los hombres condenados por delitos contra la seguridad vial se corresponde con el 92,8572% y el 7,1428% para la mujer, de media en los años expuestos en la tabla 3.

| AÑO | CONDENAS DCSV | HOMBRES | | MUJERES | |
|------|-----|--------|-----|------|----|
| 2007 | 57012 | 54398 | 95% | 2614 | 5% |
| 2008 | 112485 | 105402 | 94% | 7080 | 6% |
| 2009 | 123793 | 114799 | 93% | 8994 | 7% |
| 2010 | 108635 | 100201 | 92% | 8334 | 8% |
| 2011 | 115234 | 106580 | 92% | 8654 | 8% |
| 2012 | 106368 | 97805 | 92% | 8563 | 8% |
| 2013 | 101271 | 92638 | 92% | 8588 | 8% |

Tabla 3: Condenas DCSV, por sexo y porcentaje (elaboración propia, datos INE).

En una primera visión de los datos expuestos anteriormente podemos observar que la mujer condenada por delitos contra la seguridad vial es inferior en un 2% respecto a la delincuencia en general, y que ha ido incrementándose su participación delictiva vial desde el año 2007, que representaba sólo un 5%, hasta un 8% en el año 2013.

## DELINCUENCIA GENERAL Y ESPECÍFICA MASCULINA

El hombre como hemos comentado es el delincuente nato, según el género. Pero podemos observar algunas diferencias de él, en lo que respecta a la delincuencia general y la delincuencia vial. Como observamos en la figura 14 hay más hombres condenados por la delincuencia vial que por la delincuencia en general.

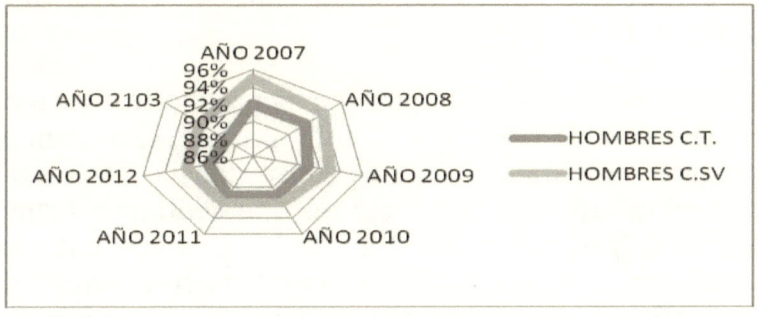

Figura 14: Hombres condenados totales (C.T.) Vs condenados delitos seguridad vial (C.SV)

## DELINCUENCIA GENERAL Y ESPECÍFICA FEMENINA

En la figura 15 observamos una diferencia significativa si comparamos la figura con la número 3, se invierten los resultados (con la diferencia en los tantos porcientos respectivamente), en este caso hay más mujeres condenadas por delitos en general que por la delincuencia vial.

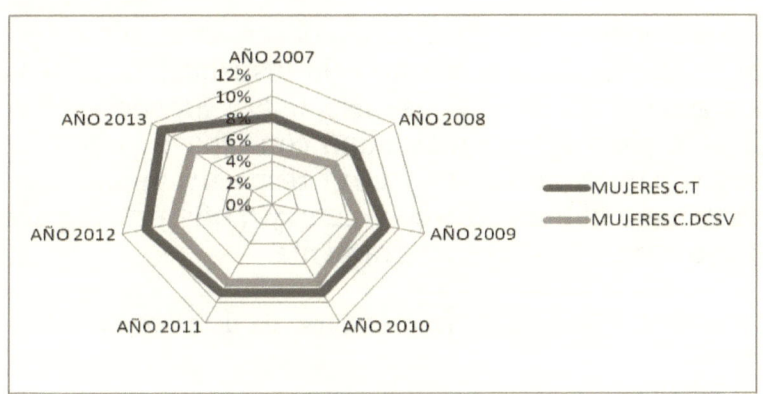

Figura 15: Mujeres condenadas totales (C.T.) Vs condenadas delitos seguridad vial (C.SV)

## LAS PENAS EN LOS DELITOS CONTRA LA SEGURIDAD VIAL

Se entiende comúnmente por pena una institución de Derecho Público que limita un derecho a una persona imputable como consecuencia de una infracción criminal impuesta en una sentencia firme por un órgano judicial[18]. En nuestro Código Penal se establecen tres penas diferentes con carácter alternativo y en algunos casos además la privación de derecho a conducir vehículos a motor y ciclomotores para los delitos contra la seguridad vial que son, pena de prisión, multa o trabajos en beneficio de la comunidad[19] que se desarrollan normalmente en este tipo de delitos por medio de los TASEVAL[20]. A continuación detallaremos en su diferencia de género las penas privativas de libertad y los TASEVAL, la pena de multa no se desglosa por la dificultad de encontrar los datos estadísticos.

## PENAS PRIVATIVAS DE LIBERTAD

Ateniendo a las estadísticas, observamos cómo hay un promedio fijo en cuanto a la distribución de reos por género en las cárceles españolas. Siendo este el 92,39% para el sexo masculino con 63.372 y 61.682 presos para el año 2012 y 2013 respectivamente. Y el 7,62% para el femenino con 5.225 y 5.083 presas para el año 2012 y 2013 respectivamente.

---

[18] Cuello, J. y Mapelli, B. (2011) "Curso de derecho penal".Ed.: Tecnos.
[19] A continuación TBCs.
[20] Talleres de seguridad vial. Más información en http://www.iipp.es/web/portal/PenasyMedidasAlternativas/Taseval.html

Figura 16: Proporción de reos en las cárceles españolas años 2012 y 2013 (datos MIR[21])

La población reclusa en los delitos contra la seguridad vial, especificando que sólo hayan cometido este delito, y atendiendo a las estadísticas de los dos últimos años, observamos que en el sexo masculino y para el año 2012 hay un 97,98% es decir 1.187 reos y para el año 2013, un 97, 47%, un total de 1.381 reos.

Con respecto a sexo femenino, en el año 2012 hay un 2,02%, es decir, 24 mujeres presas y en el año 2013 hay un leve incremento pasando a ser un 2,53% las mujeres condenadas, pero representa 11 reas más en comparación al año 2012, lo que se traduce en un incremento del 11%. Este incremento es significativo, y apoya o contrasta otro dato obtenido anteriormente que sea el incremento en detenciones e imputaciones de la mujer delincuente vial, en que en este mismo periodo de los años expuestos ascendió un 8,2%.

[21] MIR: Ministerio del Interior.

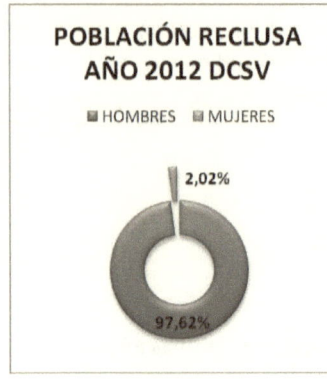
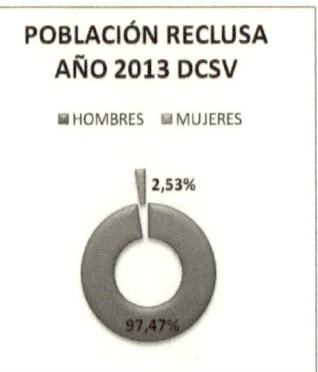

Figura 17: Proporción de reos en las cárceles españolas años 2012 y 2013 en DCSV (datos MIR).

No podemos dejar de exponer en este trabajo la investigación llevada a cabo por el matrimonio Glueck, Sheldon y Eleanor, máximos exponentes de la investigación de la criminalidad femenina. En la prisión de Massachussets investigaron a 500 presas y averiguaron más de 400 factores que pueden condicionar la criminalidad femenina, esos índices físicos y psíquicos del ámbito personal y de rendimiento, junto a fenómenos relacionados con el trasfondo socio-cultural. Las circunstancias familiares de las mujeres reclusas las identificaban como desfavorables: casi 60 % de las mujeres crecía en familias deterioradas y el 31,8 % en un ambiente familiar perturbado. Solamente, el 9,8 % de las internas llegaban a referirse a unas familias mínimamente estructuradas. En su gran mayoría los miembros familiares resultaban delincuentes. El fracaso escolar se observaba en un casi 90 % de las chicas, de las cuales, solo un 5,7 % de las internas disponía de formación profesional -de modo que pudieran ganarse la vida-. Mucha importancia dio el matrimonio a las amistades peligrosas, por considerarse motivo de influencia muy negativa. Las reclusas consideraban sus matrimonios y su sexualidad, también, de manera negativa. Un gran número de las mujeres ejercía además la prostitución, en su intento de mantener a su familia -por falta de la citada formación profesional más elemental-. Grudun Stenglein y Antonio sanchez Bayon en su libro *"Condición femenina y delincuencia"* establecen que las conclusiones obtenidas por el matrimonio Glueck se pueden observar hoy en día midiendo las mismas variables en la población reclusa española actual.

**PENADOS A REALIZAR EL TASEVAL:**

Los penados a realizar los TBCs pueden sustituirlo por los talleres TASEVAL, que tienen como único fin la resocialización del conductor desviado y que pueda volver a circular por las vías con respecto hacia los demás usuarios de la misma y sin causar ningún problema, ni para él ni los demás. Estos talleres constan de 8 sesiones de 5 horas de duración cada una, siendo su asistencia obligatoria, ya que es una pena y la ausencia del reo es considerada como un quebrantamiento de condena.

Figura 18: condenas de TASEVAL por género y año 2013 y 2014 (datos MIR-SGPMA[22])

---

[22] Los datos han sido extraídos directamente de la Subdirección General de Medidas y Penas Alternativas.

En los gráficos anteriores observamos que los años expuestos son del 2013 y 2014, esto es porque los datos del año 2012 no se pueden conseguir con exactitud.

En ellos y a una primera vista, observamos un incremento de alrededor de un 10% en la mujer condenada a este tipo de pena con respecto a la de cárcel. Y que se incrementa de un año hacia otro, del 12,24 al 12,38% respectivamente. Y otro dato interesante es que se incrementa el porcentaje femenino pese a la reducción de condenas a esta pena alternativa; las cuales se reducen en 1.919 personas respecto del año 2013 al 2014.

| AÑO | HOMBRE | MUJER | TOTAL |
|---|---|---|---|
| 2013 | 7863 | 963 | 8826 |
| 2014 | 6146 | 761 | 6907 |

Tabla 4: reos a realizar el TASEVAL (datos MIR-SGPYMA)

Decir que no en todas las Comunidades Autónomas se ofertan estos tipos de penas, dependen de quien las pueda o no llevar a cabo, ya que se suelen realizar, normalmente, por asociaciones cuyo objetivo primordial sea la educación y seguridad vial, por poner un ejemplo, la asociación ATESVEX[23] los realiza en la provincia de Cáceres (Extremadura).

En los siguientes gráficos veremos cómo hay coincidencia de ambos sexos ya sean para el año 2013 y el 2014.

---

[23] Asociación de técnicos en educación y seguridad vial de Extremadura. Información: www.atesvex.es

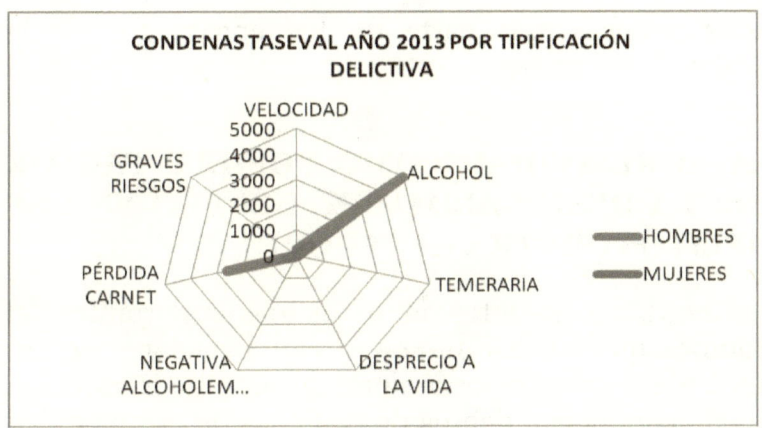

Figura 19: condenas TASEVAL año 2013 por tipificación delictiva
(datos MIR-SGPMA).

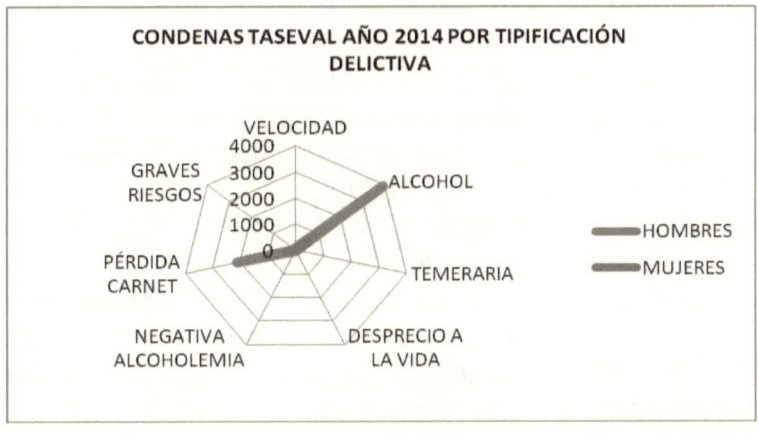

Figura 20: condenas TASEVAL año 2014 por tipificación delictiva
(datos MIR-SGPMA).

Esos delitos son circular bajo la influencia de bebidas alcohólicas y hacerlo sin permiso de conducción. En las estadísticas de quien realiza estos talleres no aparecen aún el hecho de circular influenciado por las drogas tóxicas o estupefacientes, que puede ser debido a la poco o nula realización de estas pruebas por parte de los encargados de la vigilancia del tráfico.

## LA AGRESIVIDAD COMO POSIBLE FACTOR DE LA DESIGUALDAD DE GÉNERO EN LOS DELITOS CONTRA LA SEGURIDAD VIAL

Uno de los instintos naturales más importantes del hombre, que puede limitarse a manifestaciones dentro del ámbito del comportamiento legal, pero igualmente puede conducir a delitos de tráfico o de criminalidad grave, es el instinto de la agresión (Keupp, citado por Middendorff) siendo uno de los factores que predominan en estos tipos de delitos (y también en las conductas antisociales en el tráfico rodado) es la llamada agresividad en la conducción. Es el conductor agresivo el que desencadena mayores riesgos para los usuarios de las vías, con unas conductas antisociales en la conducción y una preocupación por el mismo, sin importarle lo que tiene a su alrededor. Un estudio demuestra que el 80% de los españoles piensan que la conducción agresiva es un problema social muy importante, el 50% considera que se produce con relativa alta frecuencia y el 69% cree que se ha incrementado y sigue incrementándose en los últimos años[24]. Por otra parte, algunos estudios han establecido que la prevalencia de la conducción agresiva oscila entre un 20% y un 25% de los conductores (Galovski, T.E., Malta, L.S., y Blanchard, E.B., 2002).

Por eso se quiere averiguar si la agresividad es un factor predominante en la diferenciación del género en los delitos contra la seguridad vial y podemos

---

[24] Estudio realizado por ATTITUDES (Audi) y la colaboración de INTRAS, en el año 2006.

definir la agresividad en la conducción "como cualquier forma de comportamiento de un conductor, con la que intenta directa o indirectamente provocar, perjudicar o causar daño de cualquier tipo a otras personas que comparten el espacio común por el que discurre el tráfico"[25]. Generalmente se entiende en el sentido de impulsar acciones que superan notablemente  las normas de comportamiento de conducción seguro y que directamente afecta a otros usuarios de la carretera colocándolos en peligro innecesario.

Es ampliamente reconocido y demostrado científicamente que en los varones la testosterona (hormona prominentemente en el sistema endocrino masculino) es un detonante para el incremento de la agresividad, aunque tenemos que tener en cuenta que también se encuentra, en un grado mucho inferior, en las mujeres (LeDoux, 1999). Esta hormona hace que el hombre sea más reactivo y agresivo ante el estrés ambiental. Tenemos que recordar que un alto porcentaje de estos delitos se "descubren" por la implicación del conductor  en un siniestro vial, producido éste por una mala práctica de la conducción y/o de los factores que rodea el siniestro, ya sean factores internos[26] o externos[27] o por que el Agente

---

[25] Definición dada por Luis Montoro Catedrático de Seguridad Vial.
[26] Son factores psicofísicos, en los que no depende nada del ambiente exterior, como el estrés por ejemplo; pero que también se incluyen en este factor a cualquier elemento o sustancia que modifique el normal funcionamiento del cuerpo humano, como la ingesta de bebidas alcohólicas y las drogas.
[27] Son los factores ambientales, lo que nos rodea cuando vamos conduciendo, como puede ser el ruido, el calor, la congestión del tráfico, etc.

encargado de la vigilancia del tráfico ha observado una conducta desviada del conductor.

La "teoría de la Agresión" es la más representativa en este tipo de conductas, en ella pueden distinguirse dos grandes enfoques en las teorías formuladas para explicar la conducta agresiva:

> 1. las que fijan su origen en los impulsos puramente internos y que aparecen en el individuo desde su nacimiento.
> 2. Y las que lo sitúan en los ambientes que rodean al individuo, y que la conciben como una reacción de salida frente a determinadas situaciones ambientales.

Sobre esta base actúan, como elementos originadores y/o potenciadores, además de la frustración, la cólera y la ira, otros estados emocionales, como la activación emocional o el estado cognitivo (Clemente Díaz & Espinosa Breen, 2001). En la primera de las tendencias, Middendorff afirma que la agresión y la disposición a la lucha en la naturaleza humana, incluyen la comisión de delitos agresivos, desde la locura de la velocidad hasta el asesinato y que, dentro del marco de la criminalidad en general, los delitos han aumentado en gravedad, crueldad y brutalidad, por lo que es lógico sacar la consecuencia de que el incremento de la agresividad se mostrará también en el tráfico.

La agresividad en la conducción viene aparejada por la impulsividad del sujeto. Y esta agresividad es innata en los hombres, principalmente por razones biológicas (la testosterona) y demostrada por muchas investigaciones que documentan que los varones difieren de las mujeres en los siguientes aspectos fundamentales:

- Los varones presentan una mayor agresión física desde la infancia hasta la edad adulta.

- Los varones exhiben una mayor conducta exploratoria del entorno. Ya en las guarderías se observa como niños, en general, efectúan un mayor número de movimientos y desplazamientos que las niñas.

- Los niños muestran también una mayor frecuencia de juego brusco y agresivo, incluidas las conductas agresivas atenuadas o desplazadas como las agresiones imaginarias que tienen lugar en los juegos. (McCoby y Jaeklin, 1985).

## LOS RASGOS PERSONALES COMO PREDICTORES DE LA DELINCUENCIA VIAL

Como hemos visto en el apartado anterior, hay ciertos rasgos personales que se manifiestan en la personalidad del delincuente vial, diferenciándose estos entre el sexo masculino o femenino. Por esa razón en este apartado vamos a estudiar/investigar la diferenciación de rasgos personales con la implicación de infracciones penales y posibles consecuencias, como los siniestros viales.

La teoría más conocida y firme que relaciona la neurología y la personalidad con la propensión a delinquir es la teoría de la personalidad de Eysenck, el modelo PEN (Eysenck y Eysenck 1985), en la que establece que desde la infancia hay que "obtener" una conciencia moral por medio del aprendizaje de unos controles inhibitorios fuertes que nos aparten de la conducta antisocial. Según la teoría citada, desarrolla tres dimensiones de la personalidad:

- **Extraversión:** sociable, vital, activo, dogmático, búsqueda de sensaciones, dominante.
- **Neuroticismo:** ansioso, deprimido, sentimientos de culpa, poca autoestima, tenso.
- **Psicoticismo:** agresivo, frio, egocentrismo, impersonal, impulsivo, antisocial.

A partir de esta teoría han surgido modelos alternativos, pero derivados de ella, proponiendo alguna dimensión más, por ejemplo Gray (1972) propone dos dimensiones básicas de la personalidad, ansiedad e impulsividad, Zuckerman (1991) establece la relación entre la conducta antisocial y la personalidad a partir de la variable búsqueda de sensaciones, muy relevante en los delitos contra la seguridad vial, ya que se ha asociado a conducir bajo los efectos del alcohol, sobrepasar los límites de velocidad, competir con otros conductores, conducir en sentido contrario y con otro abanico de conductas de riesgo en relación a la conducción (Burns y Wilde, 1995).En palabras de Garrido, Stangeland y Redondo citan a Zuckerman para recordar la definición de la búsqueda de sensaciones como un rasgo definido por "la búsqueda de experiencias y sensaciones variadas, nuevas, complejas, e intensas, y la disposición a asumir riesgos físicos, sociales, legales y financieros a fin de lograr tales experiencias".

Zuckerman y sus colegas proponen un modelo alternativo "Los cinco factores de personalidad de Zuckerman (Zuckerman, Kuhlman, Joireman, Teta y Kraft, 1993) en el que se integran varias dimensiones de personalidad que se han asociado a la conducción agresiva. Cuyo cuestionario el ZKPQ-50-CC ha sido traducido y utilizado en muchos países, incluso en España.

Las dimensiones de este modelo son:

- **La dimensión *Agresión-Hostilidad*** mide la disposición a comportarse de forma agresiva, grosera y desconsiderada, y a mostrar una conducta antisocial, vengativa y maliciosa.

- **La dimensión *Impulsividad-Búsqueda de Sensaciones,*** este rasgo se caracterizaría por una búsqueda activa de experiencias que suponen excitación y riesgo, acompañada de falta de planificación en las acciones y tendencia a actuar impulsivamente, es decir, sin evaluar las posibles consecuencias o el riesgo de las acciones.

- **La dimensión de *Neuroticismo-Ansiedad*** evalúa aspectos de personalidad relacionados con una tendencia a experimentar estados afectivos de connotación negativa, incluyendo sentimientos de ansiedad y tensión emocional, estados de ánimos depresivos, preocupación, indecisión, sensibilidad a la crítica y falta de confianza.

- **La dimensión de *Sociabilidad*** se refiere a la predisposición del individuo para compartir el tiempo con amigos, involucrarse en actividades lúdicas con otros y su incapacidad para estar en soledad.

- **La dimensión de *Activación*** se refiere a la necesidad del individuo de mantenerse continuamente activo y su preferencia por tareas desafiantes que requieren esfuerzo y dedicación.

Las dimensiones expuestas anteriormente son rasgos innatos en la personalidad del conductor, científicamente demostrado por diversos estudios (Aluja, Rossier, Garcia, Angleitner, Kuhlman & Zuckerman, 2006).

Básicamente existen dos aspectos del comportamiento del conductor que parecen estar relacionados con la probabilidad de que se vea envuelto en un siniestro vial, sus habilidades y destrezas al volante (o la falta de ellas) y su estilo de conducción (habitualmente arriesgado y temerario) (Elander, West y French, 1993). Los déficits de habilidades se traducen en Errores, generalmente involuntarios y no intencionados, asociados a fallos en los mecanismos cognitivos y de procesamiento de la información. Las conductas deliberadamente infractoras a la norma vial, que no sólo pueden explicarse recurriendo a argumentos racionales sino también a través de los aspectos de carácter emocional y motivacional (Reason, Manstead, Stradling, Baxter y Campbell (1990), tienen un mayor impacto sobre la seguridad vial y han acaparado la intención de los investigadores sobre el riesgo y la conducta.

A la vista de lo anterior, podemos dividir los rasgos de personalidad en dos grupos, según su intervención en la comisión de delitos viales y/o siniestros viales, por infracción vial u error, quedando de esta manera:

- R.P. ASOCIADOS A INFRACCIÓN VIAL: hostilidad, impulsividad y búsqueda de sensaciones.
- R.P. ASOCIADOS AL ERROR HUMANO: ansiedad, activación y sociabilidad.

Las características asociadas a la infracción penal forman parte de un bajo autocontrol del delincuente según manifestó Gottfredson y Hirschi en su Teoría del Autocontrol (1990), en síntesis, las personas que carecen de autocontrol tenderán a ser impulsivas, insensibles, físicas (en oposición a mentales), buscadoras de riesgo, imprevisoras, y no verbales, y tenderán por tanto a implicarse en actividades delictivas y similares[28].

Y podríamos considerar un "alto autocontrol" a las personas que se ven involucradas en delitos contra la seguridad vial y sus consecuencias (siniestros viales) por la comisión de algún error que lo haya producido; y aquí entra de lleno lo que estableció Günther Kaiser "en el tráfico viario todo conductor está próximo a la situación delictiva, cualquiera es un delincuente potencial, la línea entre delito o no, es muy próxima, la cual se puede cruzar en cualquier instante.

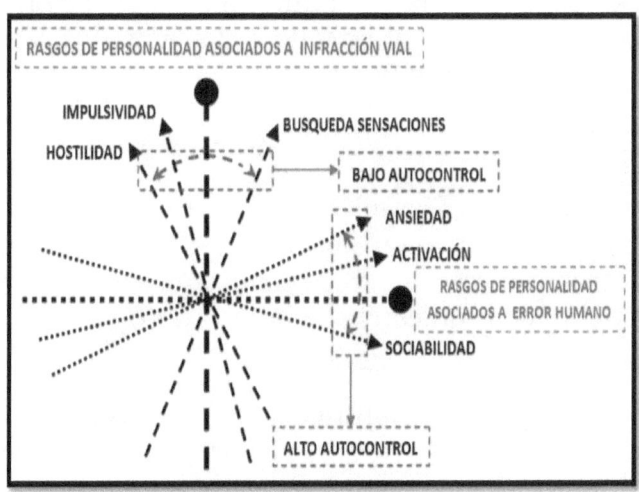

Figura 21: Rasgos de personalidad, infracción penal y error humano.

---

[28] Gottfredson y Hirsci (1990).

Relacionando este capítulo con el anterior, se puede llegar a una conclusión, que puede ser discutida, de que los rasgos expuestos del hombre se corresponden con tendencias asociadas a la comisión de la infracción penal y los rasgos de las mujeres a la comisión por error humano.

## SINIESTRALIDAD VIAL E INFRACCIÓN PENAL

La siniestralidad vial es un problema global que afecta a todos los sectores de la sociedad. Este fenómeno conlleva unas consecuencias económicas, sociales y, en ocasiones, jurídicas, que exigen la participación activa y decidida de las Administraciones Públicas (Estado, Comunidades Autonómicas y Ayuntamientos), desde la formulación de políticas públicas en relación con las infraestructuras, la salud, la educación, la administración de justicia y de todos aquellos sectores involucrados (Nazif y Pérez, 2009).

Según Kaiser, el porcentaje de los sexos en la siniestralidad vial se corresponde al de la delincuencia vial. Según Coppin y Samuels (citado por Kaiser) dicen que las mujeres a igualdad de kilómetros recorridos ofrecen ciertamente una mayor frecuencia de siniestros viales, pero con daños menores.

En la siguiente figura, publicada en el libro "delincuencia de tráfico y su prevención general", aproximan tendencialmente la criminalidad clásica al a criminalidad vial. Y relacionan, con todo el acierto, los kilómetros recorridos y la estimación de la participación el tráfico.

La criminalidad de tráfico por sexo del autor del delito
—1965— (en %)

| Sexo | Participación en el tráfico con vehículos | | | | | Criminalidad del tráfico (1965)**** | | | | | | | | | | | | | Criminalidad clásica (1965) **** |
|---|---|---|---|---|---|---|---|---|---|---|---|---|---|---|---|---|---|---|---|
| | Posesión del permiso de conducir * | Kilómetros recorridos (1961) ** | | Estimación de la participación en el tráfico (1965) | Accidentes graves de tráfico (1965) *** | Total | § 230 | | § 222 | | § 315b + c | | § 142 | | § 316 | | § 24, StVG., antigua redacción | |
| | | STEGEN | MAIER | (1965) | | | sin | con | sin | con | sin | con | sin | con | con | | |
| Hombres | 79,4 | 93,3 | 92,4 | 92,0 | 91,4 | 93,9 | 91,4 | 99,1 | 94,1 | 99,6 | 96,8 | 98,9 | 93,8 | 99,0 | 99,1 | 89,2 | 83,7 |
| Mujeres | 20,6 | 6,7 | 7,6 | 8,0 | 8,6 | 6,1 | 8,6 | 0,9 | 5,9 | 0,6 | 3,2 | 1,1 | 6,2 | 1,0 | 0,9 | 10,8 | 16,3 |
| Total | 100,0 | 100,0 | 100,0 | 100,0 | 100,0 | 100,0 | 100,0 | 100,0 | 100,0 | 100,0 | 100,0 | 100,0 | 100,0 | 100,0 | 100,0 | 100,0 | 100,0 |

Fuentes: * WiSta., 1966, 708.
** STEGEN, ZfV., 1966, 261; MAIER, 1961, 63, 76.
*** Sobre la base de WiSta., 1967, 53.
**** Rechtspflege, 1965, 28, 36 ss.

Figura 22: la criminalidad de tráfico por sexos del autor del delito
(Kaiser, 1978)

La figura indica, en términos absolutos, que las mujeres participan en la delincuencia de tráfico mucho menos que en la criminalidad clásica (6,1% y 16,3% respectivamente). Pero si se considera para el grado de la cuota de delitos de tráfico también la medida de participación en el tráfico, entonces, atendiendo a las posibilidades de delinquir, el porcentaje femenino en los delitos de tráfico (0,76) excede comparativamente al de la criminalidad clásica (0,33) en más del doble.

En las estadísticas españolas no tenemos cotejado los kilómetros que recorre cada conductor, y hay pocas investigaciones al respecto que lo incluyan como una variable importante a tener en cuenta, ya que durante el tiempo de desplazamiento se está manteniendo el hecho delictivo, con el consiguiente peligro para la seguridad vial.

Tomando como marco de referencia los años 2007 al 2013, la implicación de los conductores en los siniestros viales y el tipo de vía, urbana o interurbana, obtenemos los siguientes gráficos:

Figura 23: implicados en siniestros viales urbanos en el periodo 2007-2013 por sexos (datos DGT).

Figura 24: implicados en siniestros viales interurbanos en el periodo 2007-2013 por sexos (datos DGT).

En un primer lugar se diferencia por el tipo de vía, dando un primer argumento si hacemos los desplazamientos cortos o largos y su sexo. Podemos observar y en contra de la creencia popular de que las mujeres sólo conducen por casco urbano, siendo un mito, ya que la proporción, por número de conductoras implicadas en siniestros viales es del 23,71% en vía urbana y un 22,42% en interurbana de media para el periodo de los años expuestos anteriormente. Pero existe un incremento del 3% de la mujer en la implicación de siniestros con víctimas, pasando de su participación en el año 2007 con el 22% al 25% en el año 2013 en vías urbanas y el doble (6%) en el mismo periodo de años pero en las vías interurbanas. Lo que nos hace presumir que la participación de la mujer conductora va en aumento y así lo podemos observar en los siguientes gráficos y la línea de tendencia extrapolar lineal nos está diciendo que en los dos próximos años esta tendencia seguirá en aumento.

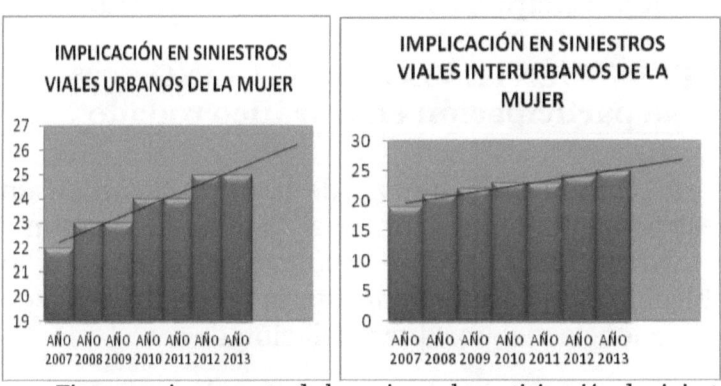

Figura 25: incremento de la mujer en la participación de siniestros viales con víctimas por tipo de vía (datos DGT)

Si la implicación de la mujer en términos porcentuales va en aumento, por consiguiente la masculina irá en descenso, que se puede deber a una mayor concienciación o a una reducción su participación en kilómetros en el tráfico rodado a favor de la mujer conductora.

Siguiendo a Kaiser, nos establece que en cualquier caso se puede comprobar que el promedio de los delitos viales de los conductores femeninos está en un

25% por debajo de la extensión de su participación en el tráfico, mientras que la cuota de los conductores masculinos excede en algo (un 2%) de la correspondiente participación en el tráfico. Partiendo de que la cuota de los delitos viales es conforme a lo que se espera y por decirlo así "normal", cuando el porcentaje de un grupo en el total de kilómetros recorridos es exactamente igual a su porcentaje en el número total de los delincuentes viales; relaciones de esta clase pueden también aplicarse análogamente a los siniestros viales, según Stegen. Resumiendo el anterior párrafo:

---

**DELINCUENTE VIAL FEMENINO   -25% de su participación en el tráfico rodado**

**DELINCUENTE VIAL MASCULINO   +2% de su participación en el tráfico rodado**

---

Para saber la probabilidad de la implicación en un siniestro vial podemos estimar el Modelo de Poisson y Binomial negativa  y si al resultado le aplicamos lo establecido anteriormente nos daría una estimación de la delincuencia vial por diferenciación de sexo.

Hay que tener en cuenta también el porcentaje de conductores víctimas de siniestros viales, como se observa en los siguientes gráficos:

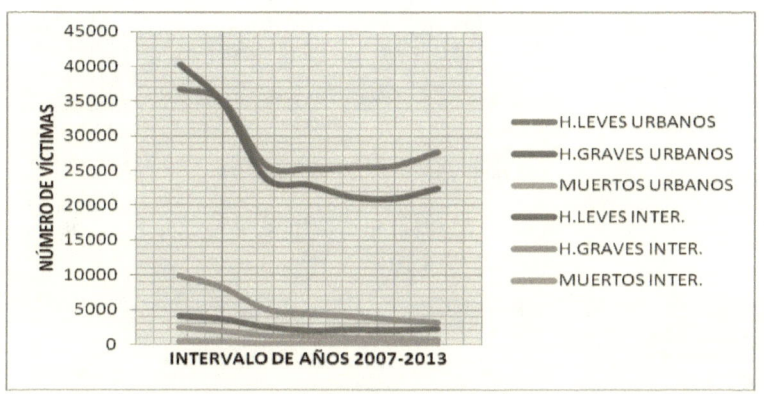

Figura 26: número de conductores masculinos víctimas de siniestros viales por vía de utilización (producción propia, datos DGT)

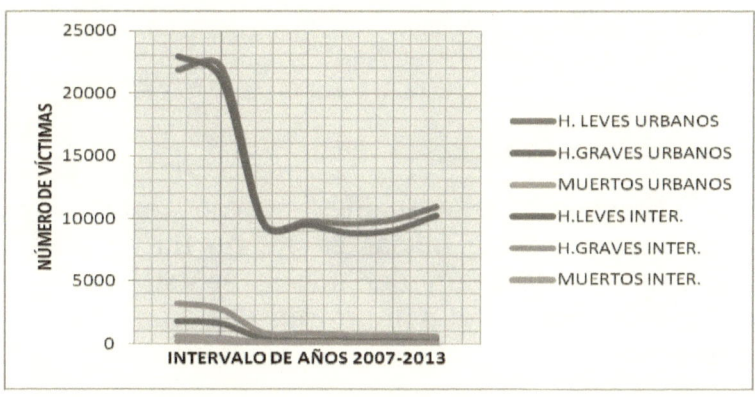

Figura 27: número de conductores femeninos víctimas de siniestros viales por vía de utilización (producción propia, datos DGT)

En ellos podemos observar como la implicación de los conductores de ambos sexos y las distintas vías por donde discurren son prácticamente iguales, incluso el descenso como víctimas sigue la misma línea descendente. En las siguientes tablas (5 y 6) podemos comprobar el porcentaje de implicación de los conductores en siniestros viales en los últimos siete años.

| SEXO | HERIDOS LEVES | HERIDOS GRAVES | MUERTOS |
|---|---|---|---|
| HOMBRE | 69,85% | 82,14% | 87,00% |
| MUJER | 30,15% | 17,86% | 13,00% |

Tabla 5: porcentajes de conductores victimas de siniestros viales en vías interurbanas.

| SEXO | HERIDOS LEVES | HERIDOS GRAVES | MUERTOS |
|---|---|---|---|
| HOMBRE | 69,28% | 81,28% | 85,85% |
| MUJER | 30,72% | 18,72% | 14,15% |

Tabla 6: porcentajes de conductores victimas de siniestros viales en vías urbanas.

## CONCLUSIONES

La hipótesis general de trabajo estaba ya demostrada antes de iniciar el trabajo fin de grado, pero con la realización del mismo se ha llegado a conclusiones que nos demuestran el porqué de esta diferencia.

Hemos comprobado que la hipótesis 1a y 1b se diferencian, mientras la H1a la criminalidad vial masculina es superior a la general y la H1b es al contrario, la delincuencia femenina general es superior a la delincuencia vial. Hechos demostrados ampliamente por la literatura científica al respecto.

Respecto a la hipótesis H2, la agresividad en la conducción es una variable importante en cuanto a los delitos en la seguridad vial, demostrada por diversos estudios realizados a los penados (ya sean a los reos o penados a realizar el Taseval), existiendo la diferencia de género, sobre todo en las variables de aventura y empatía, demostrado ampliamente por la literatura científica (Eysenk, Easting y Person 1984; Mirón, Otero y Luengo, 1989; Silvia, Martorell y Clemente, 1987). Pudiendo considerar la agresividad como un factor desencadenante de la comisión de los delitos contra la seguridad vial y que de denota fundamentalmente en el género masculino como hemos desarrollado en el apartado correspondiente.

La H2 está correlacionada con la H3, ya que uno de los rasgos fundamentales del delincuente vial es la agresividad que se puede traducir en la impulsividad y búsqueda de sensaciones, demostrando que son rasgos de personalidad de un bajo autocontrol que puede encaminar a una probable delincuencia vial.

La asociación siniestralidad vial y delincuencia vial se ha relacionado por la literatura científica, por eso de la inclusión de este apartado en el trabajo fin de grado, y llevado al tema en cuestión observamos como la participación de la mujer en el tráfico rodado va en aumento, posiblemente por el cambio de rol en la sociedad y su más que denotada participación en la vida laboral.

Los datos expuestos nos revelan su incremento de participación y con ello llegará también su intervención en la delincuencia vial, aunque va muy lentamente. Tenemos que ver el aumento que se está produciendo en detenciones e imputaciones de la mujer y a eso hay que añadir el consiguiente aumento en la implicación de siniestros viales con el resultado de víctimas.

Pero que la comisión de los delitos causados puede ser causado por error humano y a una posible inseguridad vial entendida esta como: "como un fenómeno sociovial, en el que las conductas antisociales y delincuenciales en el tráfico viario, hacen que los usuarios de las vías tengan una percepción o sensación de ausencia de seguridad vial cuando ejercen como usuarios de las mismas, llegando a la existencia de creer que corren peligro u observan un riesgo que les puedan llegar a dañar o agredir, materializándose en un siniestro vial".

La reincidencia en el caso de las mujeres delincuentes es inferior a la de los hombres; pero con respecto de verse involucrado en un siniestro vial, la reincidencia por sexos es igual según un estudio de de la Fundación Mutua Madrileña29.Siguiendo con el estudio mencionado y analizando los hábitos de conducción tras un siniestro en función del sexo, no se encuentran diferencias. Hombres y mujeres parecen ser iguales en sus conductas, ya que tras causar un siniestro, presentan los mismos índices de reincidencia y, por lo tanto, tienen las mismas posibilidades de volver a originar otro.

---

[29]http://www.fundacionmutua.es/cs/Satellite?blobcol=urldata&blobheader=application%2Fpdf&blobkey=id&blobtable=MungoBlobs&blobwhere=1288108085190&ssbinary=true

## 20. LA INFLUENCIA DEL "FACTOR AMBIENTAL" EN LOS DELITOS CONTRA LA SEGURIDAD VIAL Y SUS CONSECUENCIAS, LOS SINIESTROS VIALES

Todos sabemos ya que detrás de los delitos contra la seguridad vial y sus consecuencias (los siniestros viales) está detrás el factor humano como principal causa de los mismos, siendo estudiada como el único factor causante de estos hechos (el factor vehículo, es poco estudiado ya que los siniestros viales producidos por este factor representa un tanto por ciento ínfimo - entorno al 8%- y hay algunas teorías que establecen que detrás del fallo vehicular esta la acción del hombre previamente).

El factor humano se ha tratado desde la **perspectiva individual**, centrándose en las características personales y centrados en factores como la edad, genero, pautas de crianza, deficiencias cognitivas, rasgos de personalidad, sociobiologia, etc. y desde la **perspectiva social**, fijándose en el grupo de pertenencia y en la estructura social; en la que sobresalen las teorías que se centran en factores como la pobreza, marginación, falta de control o vínculos sociales, anomia subculturas, aprendizaje social, etc.

Pero pocas veces (por no decir ninguna) nos hemos preguntado si el **factor ambiental** es de aplicación directa en la comisión de delitos contra la seguridad vial y los siniestros viales. Considerando dentro del "ambiente" el diseño urbano, su estructura, mantenimiento y en que las teorías existentes estudian la distribución espacio-temporal de los delitos y los facilitadores e inhibidores ambientales para su comisión.

Las teorías ecológicas aseguran que el ambiente y el diseño del espacio urbano (en nuestro caso la forma de las calles, de un carril o dos, más o menos anchos, estacionamientos, la información que aportan, etc.) pueden tener influencia decisiva en el comportamiento humano y por ende en la criminalidad. La criminología ambiental se ocupa de estudiar si los factores ambientales como el espacio, la estructura del escenario, el calor, el frio, el ruido, el hacinamiento, la congestión, retenciones, etc. nos influyen a la hora de cometer un delito o de vernos involucrado en un siniestro vial.

Por ejemplo, Middendorff recurre a una explicación ambientalista y sociológica de la delincuencia vial para Alemania, si bien de corte más social. Afirma que las especiales características de la sociedad alemana originaron la aparición de una delincuencia también particular, porque se produjo una doble "sobrecompensación" después de la II Guerra Mundial, originada por un "complejo de inferioridad nacional" que impelió a los alemanes, tanto a intentar ganar el mayor dinero posible, como a un comportamiento desconsiderado y brutal en el tráfico viario. Según él, el elemento común a ambos fenómenos era que –en las dos situaciones- se requería ser más duro, menos escrupuloso y más rápido que el competidor (Middendorff, 1981).

Hay que decir que desde que interactuamos en la vía pública lo estamos haciendo también en el tráfico viario, ya que somos unidades de tráfico (peatón, pasajero o conductor) y saber que el tráfico viario es una interacción social por excelencia en la actualidad. Llegando a ser las congestiones de tráfico un factor ambiental desencadenante de acciones preocupantes por parte de las unidades de tráfico, además hay que sumar que los conductores consideran que tienen que competir por el espacio (más en las vías urbanas que en las interurbanas) y ser el dueño de ellas y pensar que pueden actuar de la manera que mejor les convenga, sin respetar las normas establecidas para ello. Por todo lo anterior y observando que en la definición de qué es la Criminología Vial, establece que es una disciplina criminológica encaminada al estudio y prevención de los delitos contra la seguridad vial y a la resolución de todo conflicto que surja tras un siniestro vial, la cual buscará y se nutrirá de todas las disciplinas que la rodeen para poder cumplir su objetivo; podemos decir que la Criminología Ambiental puede servir de apoyo para poder paliar y disminuir los siniestros viales y los delitos contra la seguridad vial.

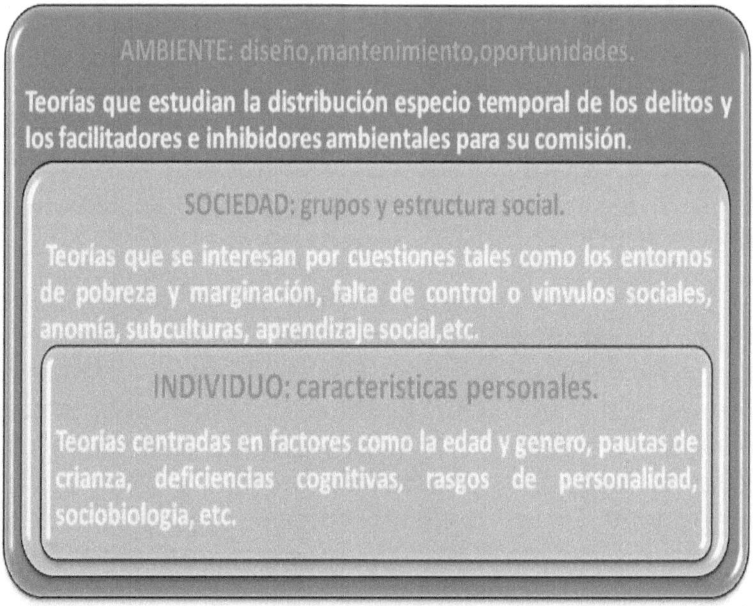

Figura 28: teorías criminológicas. (Vozmediano y San Juan, 2013)

Como hemos visto la Criminología Ambiental puede ayudar al estudio y prevención de los delitos contra la seguridad vial y los siniestros viales. Podemos presentar la criminología ambiental con las propias palabras de Brantingham y Brantingham (1991) en una de las obras clave de esta disciplina:

*"La Criminología Ambiental plantea que los eventos delictivos deben entenderse como una confluencia de infractores, victimas u objetivos del delito, y normativas legales, en escenarios específicos, ocurriendo en un momento y lugar concretos. Esto significa que un análisis completo del delito tiene cuatro dimensiones: la dimensión legal, la dimensión del infractor, la dimensión de la victima/objeto, y una dimensión espacio-temporal. Lo que es más, esas dimensiones han de comprenderse e interpretarse sobre un telón de fondo histórico y situacional complejo, de características sociales, económicas, políticas, biológicas y físicas, que establecen el contexto en el que están contenidas las dimensiones del delito [...] El interés de la Criminología Ambiental por el papel que juegan la localización y el cambio de posición y yuxtaposición de los eventos delictivos, no niega la legitimidad de los estudios que se llevan a cabo en las otras dimensiones del delito [...]".*

Tenemos que entender que la circulación se desarrolla en un espacio que tiene tres componentes: elementos físicos o estáticos (las vías y sus estructuras, en sentido amplio); elementos en movimiento (personas y vehículos); y otros que forman como un telón de fondo, de permanencia inevitable y constante variabilidad que rodean dicha vía (situación meteorológica, luminosidad, congestiones, etc.). Este ambiente global es el que influye en la persona y puede ocasionar que llegue a delinquir.

Los factores ambientales y el espacio establece muchas exigencias a los usuarios de las vías, los cuales tienen que estar pendientes de estas modificaciones y que exigen un alto nivel de concentración al conductor (principalmente) como pueden ser:

- Por las características geométricas y físicas de la vía urbana. Ya que no es lo mismo circular por una vía de asfalto o adoquinada, que sea deslizante o no, etc.
- Por las condiciones ambientales (meteorológicas). Que influyen a la hora de circular y modifican nuestra forma de hacerlo, y más si las condiciones de visibilidad no son las idóneas.
- Por la circulación. En ella influyen la densidad, fluidez y la composición de la circulación.
- Por las normas y señales reguladoras de la circulación (el entorno de la vía). Ya que sabemos que si existen las señales de circulación es porque regulan situaciones que no son las generales de la vía y nos dificulta la circulación ya que tenemos que ir pendientes de ellas.

Por eso estamos ante una nueva manera de enfocar la prevención y el porqué se comenten los delitos contra la seguridad vial, yendo más allá del simple estudio de la persona humana como desencadenante de estos hechos. Se incluye como factores el ruido, calor, las congestiones de tráfico, etc. y la estructura de la vía, todos ellos factores influenciables en el ser humano.

Clarke en 1997 estableció que algunas de las causas del delito pueden ser explicadas a partir de las oportunidades existentes en el ambiente y su entorno.

Siguiendo a Wortley y Mazerolle (2008) las premisas de esta perspectiva ambiental la podemos resumir en tres puntos:

- La influencia del ambiente en la conducta delictiva.
- La no aleatoriedad de la distribución espacio-temporal.
- Y la utilidad de los elementos anteriores en el control y prevención del delito.

Pese a la importancia y repercusiones que tienen los delitos contra la seguridad vial, la delincuencia viaria se considera como un grupo independiente de delitos a causa de sus específicos modos de comisión y las razones de su nacimiento (Kaiser, 1970).

Alice Coleman en su obra titulada *"Utopia on trial"* (1994) establece dos posiciones claramente distintas y extremas en cuanto a los estudios de los espacios, que son:

1) Determinismo medioambiental: en que se establece que el espacio condiciona de forma determinante el comportamiento humano.
2) Posibilismo: la raza humana se adapta a cualquier contexto espacial, pudiendo ser feliz o infeliz en cualquier medio geográfico, lo que significa que la calidad de vida, en el fondo, dependerá de otro tipo de variables no espaciales.
3) Pero la autora, frente a ambas teorías apuesta por un tercer postulado:

4) Probabilismo: el medio ambiente no determinará nuestro comportamiento pero sí lo afectará, sobre todo empujándolo hacia la ruptura de las normas y el desorden social si se dan determinadas circunstancias que hacen la vida poco placentera.

Siendo este tercer postulado de gran importancia para la comisión de los delitos contra la seguridad vial, ya que como desarrollaremos posteriormente, la influencia del ambiente condicionará al conductor de una manera u otra, y hará que algunos de ellos comentan alguna infracción a las normas que rigen la seguridad vial.

Por eso la criminología ambiental considera al delincuente vial como un elemento más de los que confluyen en el mismo, haciendo hincapié en los determinantes situacionales, interesándose por los patrones delictivos en el tiempo y en el espacio. Y añade otro factor más para el estudio y prevención de estos delitos. Decir que según la agencia del Departamento de Transportes National Highway Traffic Administration (NHTSA), dependiente del Gobierno de los Estados Unidos, llegó a la conclusión, tras una investigación llevada a cabo durante más de cinco años sobre unos 5000 siniestros viales, que el diseño de las vías con sus factores ambientales (trazados, señalización deficiente, lluvia, calor, etc.) causaban entre el 34 y 12% de los siniestros.


**MEDIO Y DELITO**

El territorio urbano es más que una simple concentración de edificios y calles sobre un espacio limitado. Una localidad es más que un marco de vida para sus residentes que se enfrentan diariamente a las consecuencias negativas derivadas de las aglomeraciones, la circulación, la criminalidad, etc. Algunos criminólogos han destacado que el delito es un fenómeno no muy complejo en cuya explicación no sólo hay que tener en cuenta aspectos relativos al autor, a la víctima, al objetivo, etc., sino también al lugar físico donde ocurre. (P.J. Brantingham y P.L. Brantingham, 1986). Eck y Weisburnd en 1995 concretaron que los delitos se concentran en determinadas zonas del casco urbano, y no es debido a las personas que viven en esas zonas, sino por las características de la zona que permiten más oportunidades para su perpetración.

Las medidas arquitectónicas no pueden, evidentemente, aportar una solución definitiva a la prevención de los delitos contra la seguridad vial y a los siniestros viales, pero de alguna manera pueden contribuir, al menos, a su amortiguación.

Podemos distinguir los espacios urbanos como:

- **CRIMÍFUGOS**: son aquellos diseños urbanos que, por sus especiales características físicas, inhiban y disuadan, o cuando menos, disminuyan la probabilidad de que sea cometido un delito.
- **CRIMÍPETOS:** son aquellos espacios que debido a su morfología, estructura y también características socio-demográficas pueden favorecer u ofrecer más oportunidades para cometer delitos. En seguridad vial estos espacios son los denominados Tramos de Concentración de Accidentes (TCA) que se identifican considerando el volumen de tráfico del emplazamiento, además del número de

siniestros, período de tiempo y longitud del tramo.

La acción del conductor hay que situarla en un escenario real, soporte físico del sistema de tráfico; éste no es otro que la vía y su entorno. Este escenario, que representa las exigencias a las que el conjunto conductor-vehículo debe responder, está configurado por los aspectos o elementos ambientales "inalterables": la calzada o vía y el diseño de su entorno. Entre los elementos **"estables"** del sistema podríamos considerar los siguientes:

- **La calzada o vía:** incluyendo su planteamiento y construcción, trazado, pavimentación, anchura, resistencia al deslizamiento, número de carriles, la pendiente, el peralte, así como su explotación mantenimiento y rehabilitación.

- **El diseño del entorno de la vía**: elementos y objetos que deben considerarse componentes de la vía por su influencia en la conducción, incluyendo desde la localización de señales, bolardos, barreras protectoras, la señalización y otros objetos del mobiliario urbano, hasta el problema que plantea el diseño correcto de la señalización desde su aspecto perceptivo, tipos de letra, tamaños, situación, visibilidad e iluminación de las mismas, etc.

## LA INFLUENCIA DE LOS FACTORES AMBIENTALES

Las teorías ecológicas aseguran que el ambiente puede tener influencia decisiva en el comportamiento humano, así como en la criminalidad. La ecología en el área criminológica representa la influencia que el ambiente ejerce sobre la conducta del sujeto, afirmando la existencia de la relación entre antisocial y ambiente. Es tendiente en cuanto a que la personalidad de un sujeto antisocial[30] tiene su formación en múltiples factores y aspectos ambientales que lo circundan y que en su momento favorecen para que se desarrolle el fenómeno antisocial.

Corraliza en el año 1997 establece el "paradigma de la adaptación del hombre" quedando claro que entre el hombre y el ambiente hay una correlación entre sí, y dándole importancia a la influencia de éste en las personas; dicho paradigma es el siguiente:

1) El individuo se enfrenta a las condiciones ambientales.
2) En segundo lugar, el basado en el ambiente como estructura para la acción.
3) Y por último el paradigma socio-estructural, subrayando el comportamiento del individuo en el ambiente.

Es ampliamente aceptado que existen numerosas variables ambientales que pueden, bajo ciertas circunstancias, bien provocar estrés, agresión, bien incrementar la probabilidad de su ocurrencia. El ambiente físico en el que se encuentra inmerso el conductor (ruido, hacinamiento, calor, retenciones, etc.) puede influir notablemente sobre el estado fisiológico, sobre la calidad del desempeño en la

---

[30]Definición de comportamiento antisocial según Gottfredson y Hirschi (1990): son comportamientos antisociales y delictivos múltiples conductas de agresión o engaño (tanto directas como indirectas, y tanto coyunturales como sostenidas en el tiempo), que dañan o amenazan de daño grave a otras personas o sus propiedades, y cuyo objetivo o funcionalidad es obtener un beneficio o satisfacción propios.

conducción, sobre los juicios y deseos, y en definitiva, sobre nuestro modo de relacionarnos con los demás cuando conducimos. Existiría, todo un conjunto de elementos "**cambiantes**" que modulan e influyen en la conducción de forma más, imprevisible, intemporal o incidental como son:

- **La climatología e incidencias u obstrucciones temporales:** oscuridad, niebla, lluvia, nieve o hielo, obras en la vía, cruce de animales, otros vehículos y peatones, atascos, retenciones, etc.

- **Las medidas de control de tráfico y la supervisión policial**: que incluye el control y gestión temporal de las señales luminosas, pasos para peatones y rotondas, controles policiales de las infracciones del conductor, cámaras de control de tráfico, etc.

Entre algunos de los elementos expuestos en el primer punto, la climatología, estarían también los siguientes:

- **LA TEMPERATURA AMBIENTAL:** La incidencia de delitos violentos ha sido ampliamente señalado que se incrementa durante los meses de verano. Si el ambiente es caluroso y húmedo, el conductor es más proclive a sentirse frustrado o colérico, llevándole a adoptar conductas agresivas.

- **EL RUIDO:** Varios estudios demuestran que un ruido estrepitoso o irritante crea altos niveles de agresión. Otros estudios indican, curiosamente, que el ruido repercute en la intensidad de la agresión latente o que ya ha sido provocada, más que añadirse a otras variables que podrían conjuntamente culminar en agresión. La probabilidad de encontrar cualquier relación causal entre el ruido y la presencia o intensidad de la agresión parece residir en el nivel de control que el conductor tiene sobre el ruido. Si no posee control sobre el volumen o duración de un ruido irritante, el nivel de agresión provocado por cualquier otra cosa es probable que surja con más facilidad. La planificación urbana y la gestión de los usos del suelo pueden resultar el medio más eficaz para prevenir y evitar la aparición, en el futuro, de nuevos problemas de ruidos en las áreas urbanas, sobre todo los producidos por el tráfico rodado, que es también uno de los desencadenantes del estrés y la agresividad en la conducción.

- **LA CONGESTIÓN DEL TRÁFICO:** El hacinamiento produce en las personas reacciones de agresividad, hostilidad y malestar. Hennessy & Wiesenthal (1999) señalaron que el aumento sostenido del número de vehículos sin el consecuente acompañamiento de mejoras en la infraestructura vial, enfrenta a los conductores a potenciales fuentes de irritación y frustración como tener que competir por el espacio existente para circular o verse atrapado en atascos o retenciones imposibles de evitar. Del mismo modo, a medida que aumenta la experiencia de hacinamiento, se produce menos conductas de afecto y afiliación, llegando a producir estrés. Es una de las condiciones asociadas más frecuentemente con la conducción agresiva. Variables como la vía, las actitudes de otros conductores y elementos mecánicos -como los semáforos- interactúan con la congestión y el tiempo de presión aumentando la conducta agresiva. Sin embargo los efectos de la congestión sobre la agresión son difíciles de calibrar o cuantificar, principalmente porque, a diferencia del ruido y la temperatura, la congestión es una característica ambiental totalmente subjetiva (por ejemplo, en función de la prisa que se tenga o el tipo de ciudad en que se vive). Shinar & Compton (2004) hallaron que la probabilidad de comportarse agresivamente en la conducción, aumentaba cuando las congestiones o retenciones se producían en las horas punta.

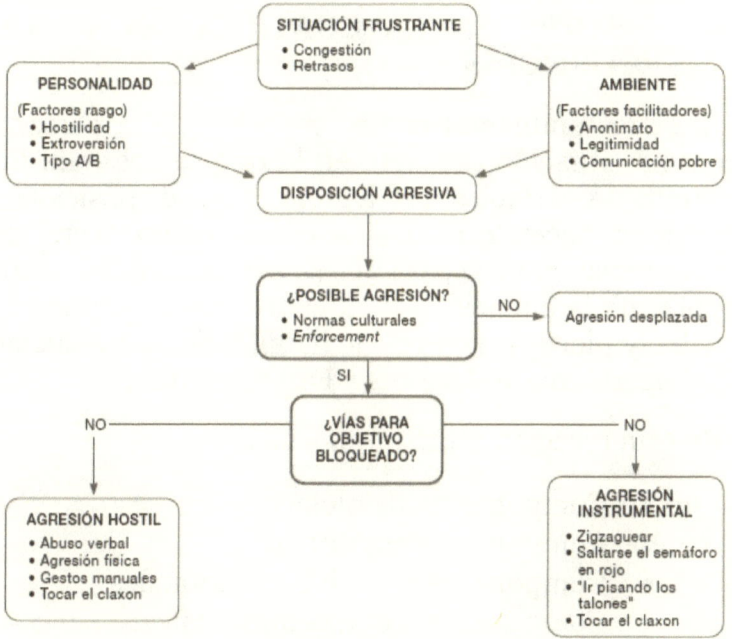

Figura 29: Representación esquemática del modelo de frustración-agresión en la conducción (Shinar, 1998)

Se debe señalar respecto de estos dos factores ambientales comentados, la temperatura y el ruido, la importancia que tiene la falta de confortabilidad física que estos producen. Una persona que físicamente se encuentra cómoda es más tolerante con los demás y suele tener menos conductas agresivas y ser más tolerable al estrés que provoca la propia circulación.

Algunos autores consideran los "factores ambientales" como variables fundamentales para la desencadenación de la agresividad del conductor –con sus terribles consecuencias para la seguridad vial- e incluso le dan más importancia que a los "factores personales" (Shinar, 1998).

## ESTRÉS AMBIENTAL: DESENCADENANTE DEL ESTRÉS EN LA CONDUCCIÓN Y SUS CONSECUENCIAS

El estrés ambiental es una reacción de la persona ante una situación concreta en la que se presenta un conjunto de variables ambientales cuya disposición e intensidad hacen que sea percibida como aversivas para la persona. Pero para que se produzca ésta, es tan importante la situación en sí, como que la persona la perciba y piense que no tiene habilidades o conductas para hacerle frente (Lazarus y Folkman, 1984).

En esta reacción están implicados:

- Componentes fisiológicos.
- Componentes cognitivos.
- Componentes afectivo-emocionales.
- Componentes comportamentales.
- Componentes socio-culturales.

McGrath (1970) conceptualiza el estrés como un "desequilibrio sustancial entre las demandas ambientales y la capacidad de respuesta del organismo". Es decir, que el fenómeno del estrés implica en todo caso una transacción del organismo con su entorno, que se caracteriza por una descompensación entre las demandas que el ambiente plantea y los recursos disponibles en ese momento para hacer frente a tales demandas. Es pues un agente externo percibido por un individuo en un espacio-tiempo determinado; el sujeto pone en juego sus defensas mentales para enfrentarlo con los mecanismos biológicos acompañados simultáneamente del juego de las defensas mentales (Stora, 1992).

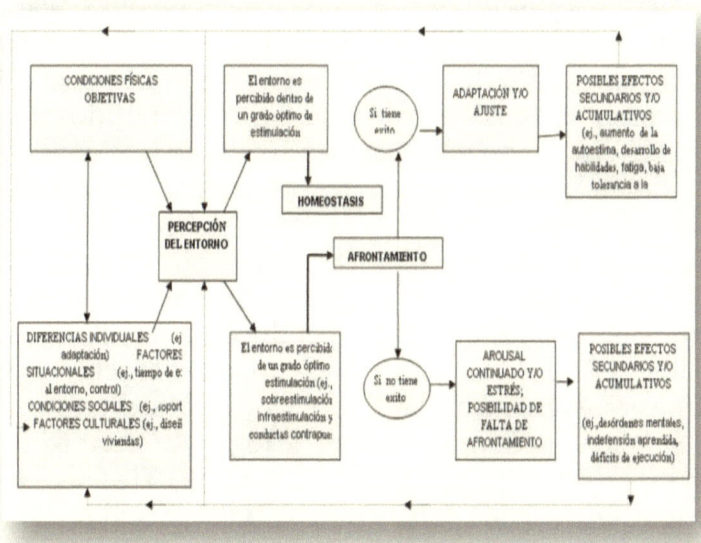

Figura 30: Un modelo integrador de la explicación del estrés ambiental y la respuesta del afrontamiento (Bell, Fisher, Baum y Greene, 2005)

Sabemos que los factores ambientales ocasionan el 12% de los siniestros viales (según diversos estudios) pero lo que no está cuantificado es su influencia en la comisión de los delitos contra la seguridad vial, que los tiene. Hay que decir que en un porcentaje elevado, detrás de cada siniestro vial está la comisión de un delito contra la seguridad vial. Con ese dato podemos darnos cuenta del alcance que tiene la influencia del estrés ambiental en la conducción y la repercusión que tiene en las vías; siendo un factor importante de estudio, para lograr la prevención en este campo. Decir que en el tráfico viario todo conductor está próximo a la situación delictiva, "cualquiera es un delincuente potencial", y por eso el estrés ambiental puede intervenir o no en que se dé esa situación.

El estrés ambiental juega un papel muy importante en los momentos de tráfico. Casi todas las personas son víctimas del estrés en la conducción  provocadas por éste como pueden ser,  las horas punta del tráfico en las calles, la falta de movimientos mientras se está al volante, la tensión a la que se ve sometido quien desea efectuar un adelantamiento o tiene que conducir en caravana, el aire viciado, conducir con mal tiempo, conducir  por vías en  malas  condiciones  o desconocidas, tener que incorporarse en una vía demasiado transitada o congestionada, el ruido de los motores, la rabia que producen determinadas situaciones de tráfico y las prisas (Troch, 1982, Hennessy, Wiesenthal & Khon, 2000, Matthews et al. 1999; Wickens & Wiesenthal, 2005). En cuanto a ir con prisas o percibir falta de tiempo, Hennessy & Wiesenthal (1999) observaron que actuaba como mediador para experimentar estrés frente a las congestiones del tráfico.

Otros estresores que afectan al conductor y que se originan fuera de la circulación son el trabajo acelerado, las pequeñas discusiones y en general llevar una "vida" acelerada.

Decir que muchos siniestros viales, y sus consecuencias anteriores (conductas arriesgadas y comportamientos incorrectos en la circulación) están causados por los efectos que genera el estrés sobre los usuarios de vehículos a motor (Soler, Montoro y Tortosa, 1987).

El estrés ambiental aplicado a la conducción se ha enfocado desde la perspectiva de la Teoría Transaccional del Estrés de Lazarus & Folkman (1984) para la cual distintos eventos pueden generar estrés si los individuos los interpretan como indeseables o desafiantes. Según este enfoque el desempeño de los conductores se verá influido por el efecto interactivo de:

1. la evaluación de las condiciones del ambiente del habitáculo del vehículo que realiza el conductor.

2. la evaluación que realiza de su habilidad para afrontar esas condiciones; y

3. la selección de una estrategia conductual de acuerdo con las evaluaciones realizadas.

A los tres factores mencionados es posible sumarle el impacto de estresores no relacionados con la conducción que pueden influir en el nivel general de estrés del conductor (Gulian, Glendon, Matthews, Davies & Debney, 1990).

A la vista de los puntos anteriores podemos observar dos conceptos de estrés en la conducción, "el estrés del conductor" o "estrés durante la conducción".

Gulian et al. (1989) formularon el concepto estrés del conductor (driver stress), que establece que el conductor expresa que el estrés percibido en las situaciones viales está influido por lo que sucede en las situaciones ajenas al tráfico. Sin embargo, es necesario señalar que los estresores cotidianos no viales no son suficientes para entender por completo el fenómeno. El concepto estrés del conductor se define como "las respuestas asociadas con la percepción y con la evaluación de la conducción como demandante o peligrosa de acuerdo con las capacidades del individuo".

Y el estrés durante la conducción (stress driving) que según esta perspectiva se sostiene que sólo cuando la conducción es interpretada como demandante o peligrosa el estrés se manifiesta como afecto negativo, ya sea como ira y agresión, como ansiedad y preocupación; o como respuestas físicas como el aumento de la tasa cardíaca y/o el aumento de la presión sanguínea. Siendo este tipo de estrés el que peores consecuencias atrae para la seguridad vial. Este estrés se asocia a la violación de las normas de tráfico, a conducir negligente, y a comportarse de manera hostil y agresiva con otros conductores (Clapp et al. 2010; Mathews, Dorn, & Glendon, 1991).

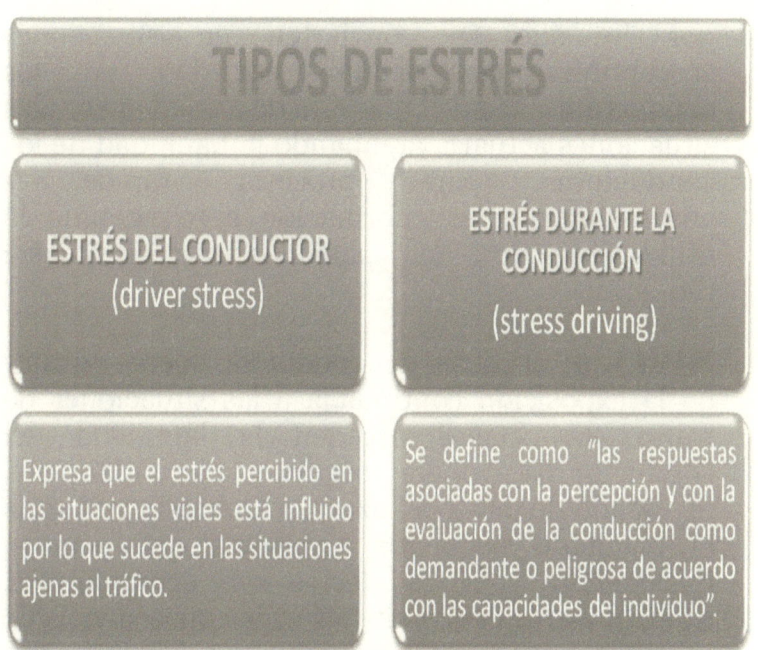

Figura 31: tipos de estrés.

El estrés ambiental que más afecta a la persona a la hora de conducir su vehículo es el estrés que se produce mientras conducimos, ya que repercute mas en el conductor y puede hacer que por culpa de éste nos veamos inmerso en la comisión de una infracción penal o involucrado en un siniestro vial.

El estrés durante la conducción se puede experimentar en dos niveles distintos, aunque relacionados:

**NIVEL 1:** De acuerdo con la clasificación de los factores estresantes realizada por Lazarus y Cohen (1977), en un primer nivel el estrés podría estar inducido por eventos de tráfico que se presentan tan sólo en determinadas ocasiones y sobre los cuales el conductor sólo tiene un control limitado, por lo que se convierten en situaciones susceptibles de facilitar ansiedad en los conductores. El nivel más alto de ansiedad en tales situaciones actuaría atenuando la habilidad de los conductores para procesar rápida y adecuadamente la información e impidiendo la utilización de los patrones de respuesta requeridos.

**NIVEL 2:** el estrés del conductor puede resultar de la exposición continuada a las situaciones de tráfico las cuales exceden la habilidad del conductor para operar segura y adecuadamente. Siguiendo de nuevo a Lazarus y Cohen (1977) sería el resultado pequeños estresores que ocurren diariamente y cuyos efectos son acumulativos. Aquí, el estrés del conductor es la consecuencia de respuestas emocionales, cognitivas y fisiológicas, acumuladas en las situaciones de tráfico, tales como viajes de larga distancia y viajes diarios (Stokols y Novako, 1981).

En síntesis, podemos afirmar que el estrés ambiental afecta a la hora de la conducción, ya sea por la provocación del estrés del conductor o la que es más grave, el estrés durante la conducción, que están asociados a un peor desempeño en la tarea de circulación, y a una serie de comportamientos desadaptativos como manifestaciones de ira y agresión hacia otros conductores, exagerada precaución, estrategias de afrontamiento deficientes o incluso al incremento de consumo de alcohol o drogas antes de conducir. Probablemente, como consecuencia de todo esto y de las conductas que realizaremos al vernos afectado por el estrés ambiental puede desencadenar en la comisión de un delito contra la seguridad vial y en sus consecuencias, los siniestros viales.

## MECANISMOS SITUACIONALES: VINCULACION DE LA PERSONA Y EL ENTORNO

El entorno vial, cuando hacemos uso de él, nos hace estar constantemente alerta, predispuestos a la creación (individual) de unas percepciones y una elección-intención que según nuestros conocimientos y experiencias en la seguridad vial definiremos una alternativa de acción o inacción (que dependerá de que los beneficios que se esperan obtener superen a los posibles costes), no siempre correctas, en la que el ambiente influye determinantemente en la elección de las alternativas. Y esas cuyas consecuencias son graves riesgos para la circulación, con la "creación" de un siniestro vial y la posible comisión de una infracción penal por la acción o no acción correcta.

Figura 32: vinculación persona vehículo y percepción.

Aplicando este modelo podemos poner como ejemplo, la probabilidad de que un individuo conduzca un vehículo a pesar de haber bebido o consumido drogas está determinada por la evaluación de los beneficios (ejemplo: desplazarse a otra fiesta) y de los costes (ejemplo: regresar al día siguiente a por el vehículo) que realice. Además, la probabilidad de que lleve a cabo la acción/inacción dependerá de la amenaza percibida de sufrir un siniestro vial o de ser sancionado por los agentes de la autoridad encargados de la regulación del tráfico, la cual, a su vez, está determinada por la susceptibilidad percibida por el sujeto de sufrir dicho siniestro o de ser sancionado y por su percepción de la gravedad de las consecuencias (lesiones, muerte, cuantía de la sanción económica, etc.) si esto sucede. Todas estas relaciones están moduladas por las variables demográficas y psicosociales (ejemplo: las campañas a través de los medios de comunicación, la presión del grupo de pertenencia, el consejo de los otros, la enfermedad de un amigo o de un familiar, etc.) propias de cada persona y por fuentes internas (ejemplo: síntomas) o externas. Todo conlleva un proceso de análisis en el que intervienen infinidad de factores, pero de los cuales el entorno que rodea al conductor es el más influyente, haciéndole constantemente plantearse ciertas acciones o inacciones que pueden ser dolosas para la colectividad de los usuarios de las vías.

## ADAPTACIÓN DE LA TEORÍA DE LA ACTIVIDAD RUTINARIA A LOS D.C.S.V.

Una de las teorías más prometedoras de la criminología ambiental es la teoría de las actividades rutinarias o también llamada teoría de la oportunidad. Fue formulada en el año 1997 por Lawrence Cohen y Marcus Felson y en ella establecen una nueva conceptualización del delito a partir de los elementos de oportunidad y de ausencia de controladores eficaces, tanto de carácter formal (la policía) como informales (relativos a la propia autoprotección).

1. Para que se lleve a cabo, tienen que concurrir a la vez tres circunstancias:

2. La presencia de un victimario (unidad de tráfico), tanto con inclinaciones criminales como con la habilidad para poner en práctica tales inclinaciones.

3. La de una persona u objeto que representen un "objetivo apropiado", o sea, una posible víctima o una cosa o bien propicio, por ejemplo. La victima sería la seguridad vial en términos generales.

4. La ausencia de guardianes capaces de prevenir las infracciones, como es el caso de los Agentes encargados de la vigilancia del tráfico, ciudadanos e incluso otros medios.

Los tres elementos anteriores son necesarios para que el delito pueda producirse, si faltase uno de ellos, el delito ya no tendría lugar. La vida moderna ha provocado que ahora estos tres elementos tiendan a coincidir con más frecuencia que antes.

En la sociedad actual se están produciendo cambios importantes en las actividades rutinarias de la vida diaria, entre las que se encuentra los permanentes desplazamientos de un lugar a otro; estando interactuando con el tráfico viario continuamente, ya sea de una manera u otra.

Serrano Maíllo recuerda, sobre esta cuestión, que en sus actividades de todos los días, las personas se ven obligadas a desplazarse en coche o transporte público lejos de sus viviendas y propiedades para asistir a sus trabajos, llevar y traer a los niños al colegio o ir a comprar (Serrano Maíllo, Oportunidad y delito, 2009). En el mismo sentido, Garrido, Redondo y Stangeland, indican que en la sociedad moderna, se producen importantes cambios en la actividades cotidianas, entre otras cosas por los permanentes desplazamientos de un lugar a otro, y el continuo movimiento de vehículos (Garrido Genovés, Redondo Illescas, & Stangeland, Principios de Criminología, 2006).

Al estar más tiempo interactuando con el tráfico (a esto hay que añadirle que cada vez hay más vehículos circulando por las vías) existe un aumento de las oportunidades y de las tendencias para poder cometer un delito contra la seguridad vial.

Por último, por lo que se refiere a las oportunidades para delinquir, probablemente no puede aducirse que todas las personas expuestas a tentaciones delictivas semejantes estén igualmente dispuestas a cometer delitos. Sin embargo, los estudios de criminología ambiental informan de que existe una relación directa entre mayores oportunidades delictivas y mayor delincuencia, y entre menores oportunidades delictivas y menor delincuencia (Barr y Pease, 1990; Brantingham y Brantingham, 1991, 1993; Clarke, 1993, 1994; Felson, 2002, 2006; Stangeland, Díez Ripollés y Durán, 1998).

## EL TRIÁNGULO DE LA CRIMINALIDAD VIAL

De la teoría de las actividades rutinarias surge el "triangulo del delito o de la criminalidad". En él se analiza, en un principio, que el triangulo estaba formado por una convergencia en el tiempo y en el espacio de tres elementos básicos: un posible delincuente, un objetivo apropiado y la ausencia de un vigilante adecuado al delito; y después se le añadió unos "controladores" para cada uno de los elementos generales. Felson y Boba (2008) describen la citada triada como "los elementos casi siempre presentes en la comisión de un acto delictivo".

Hemos creado una adaptación del triangulo de la criminalidad derivado de la teoría de las actividades rutinarias, el cual llamaremos "Triangulo de la Criminalidad Vial" en el que se le ha añadido un tercer triangulo.

La inclusión de un tercer triangulo viene motivada por las consecuencias que originan los delitos contra la seguridad vial, estas consecuencias son los llamados "siniestros viales", exceptuando los delitos que son detectados por controles preventivos (que son una ínfima parte) la mayoría se sabe de su perpetración por la participación del conductor en los siniestros, que causan graves riesgos para la seguridad vial. Muchas de las consecuencias derivadas de estos siniestros viales conllevan lesiones en las personas e incluso homicidios (ya sean por imprudencias leves o graves). Por eso la inclusión de este nuevo triangulo, ya que hay una relación muy estrecha entre siniestro vial y delitos contra la seguridad vial.

Explicación de los diferentes elementos que conforman el triangulo de la criminalidad vial:

<u>El triangulo básico o interior estaría formado por:</u>

**VÍCTIMA:** ésta sería la seguridad vial, entendiéndola como la protección de la seguridad colectiva, en la que todos formamos parte de ella, ya sea de una manera u otra. Considerándola como un derecho de todos los ciudadanos, vinculado a los derechos fundamentales de la vida y la integridad física y psíquica de las personas.

Gracias a la Ley Orgánica 15/2007 de 30 de Noviembre, se da un paso más en la protección de la seguridad vial, incrementando el control sobre el riesgo tolerable y considerar a los delitos contra la seguridad vial desde el peligro abstracto (no hace falta que se produzca lesión o daño, lo que se pena es la propia conducta en sí) hasta el desprecio por la vida de los demás en el trafico rodado.

**VICTIMARIO:** sería cualquier unidad de tráfico (normalmente el conductor de un vehículo). Decir que la criminalidad vial se diferencia de los otros tipos de infracciones penales; los delitos viales son una clase "especial" de los que prácticamente todo aquel que posee la condición de poder conducir un vehículo a motor o ciclomotor, se convierte, por regla general, en autor por lo menos una vez en su vida. En este tipo de conductas penales juega un papel importante el llamado "comportamiento acrático" (Trasler), en el que la persona reflexiona sobre los costes y beneficios de dos conductas alternativas (la correcta o la infractora), concluyendo que una de ellas es preferible y aun así se realiza la contraria, a veces incluso sistemáticamente – conductores reincidentes-.

**LUGAR:** la vía pública, ya sea urbana o interurbana.

Podríamos considerar un cuarto punto o elemento, que es la Ley, la cual nos establece que comportamientos son constitutivos de delito y también los comportamientos antisociales.

Los controladores del triangulo básico:

**VIGILANTE/GUARDIÁN:** serían los Agentes encargados de la vigilancia y control del tráfico y los elementos de control, estos elementos pueden ser las cámaras que vigilan el tráfico, los radares fijos y cualquier otro elemento de control siempre y cuando este especificado y los conductores sepan de su existencia.

**CONTROLADOR:** a parte de los agentes encargados de la vigilancia del tráfico, el mejor controlador del victimario es la "cultura vial", ya que con ella evitaríamos delinquir en este tipo de delitos y por ende llegar a estar involucrados en los siniestros viales y estaríamos concienciados que de nuestro "error" pueden pasar consecuencias muy graves para la seguridad colectiva.

**RESPONSABLE:** el titular de la vía. La estructura, forma, señalización, acondicionamiento influyen a la hora de poder cometer un delito (o siniestro vial).

Los controladores expuestos representan a las "personas" que pueden vigilar al triangulo interior. La ausencia de alguna de estas figuras de control ofrece la oportunidad para cometer el delito o conducta antisocial, por el contrario, su presencia las inhibe.

Figura 34: triangulo de la criminalidad vial.

## EL PAPEL DE LA CIRCUNSTANCIA EN LOS DELITOS CONTRA LA SEGURIDAD VIAL

El comportamiento humano, en nuestro caso el comportamiento del conductor, es producto de una interacción entre la persona y el entorno físico (la circulación rodada). Mayoritariamente, siempre se habla de circunstancias personales del conductor que le han llevado a cometer una infracción penal en materia de seguridad vial, obviando casi siempre el segundo aspecto mencionado antes, (la circulación y lo que la rodea), que es el escenario por el cual ayuda a convertir las inclinaciones delictivas en acción; mostrando algunas vías más oportunidades delictivas que otras, como ejemplo: una carretera de varios carriles, anchos, y en línea recta nos puede dar la oportunidad de rebasar el límite de velocidad y más aun si nos precede un vehículo que va a una velocidad por debajo de la que pensamos que debería ir.

En nuestra sociedad no tenemos asimilado todavía que existen infracciones penales en materia de seguridad vial, son delitos, pero parece que no tienen la categoría que tienen las demás infracciones penales como pueden ser la violencia de género o en caso extremo los homicidios o asesinatos, por ejemplo. Sólo hay que ver cuando el Agente encargado de la vigilancia del tráfico le dice a un conductor que va a ser detenido por sobrepasar la tasa de alcoholemia, la contestación que le dan (normalmente) es "pues si yo no he matado a nadie, sólo he bebido un poco señor agente...", a lo que Felson (1998) vino a llamar la "Falacia del No-Yo"

Si reducimos el esquema del delito al máximo nos encontramos dos elementos imprescindibles: el sujeto delincuente y las circunstancias que rodean al acto delictivo. Pero, ¿cómo explica la circunstancia el delito? Pues de una manera muy resumida puede ser la siguiente: podríamos decir que la circunstancia es una combinación de tiempo y espacio donde el delito se hace probable; siendo los factores fundamentales el espacio, el tiempo y el azar. Como sabemos siempre que se ha estudiado el fenómeno delictivo, se ha empezado por el ser humano, indagando el por qué rompe con las normas y se ha dejado en un segundo plano a las circunstancias que rodean ese hecho, siendo factores importantes para la comisión del hecho delictivo o conducta antisocial.

Los delitos contra la seguridad vial tienen un factor circunstancial muy grande, ya que muchas veces se sabe de la comisión de la infracción penal por alguna "circunstancia" (e influencia del azar) externa a la voluntad de su autor; como puede ser hallarse involucrado en un siniestro vial y de ahí averiguar los agentes encargados de la vigilancia del tráfico la comisión de un hecho delictivo, como puede ser conducir sin haber obtenido el permiso de conducción. En nuestro caso, esa oportunidad es fundamental para la averiguación de la comisión de estos delitos, ya que una vigilancia exhaustiva de los mismos es inviable hoy en día, ya que se producen infinidad de desplazamientos de vehículos y es imposible el seguimiento de todos ellos, por eso la circunstancia u oportunidad para su averiguación juega un papel fundamental para la averiguación de este tipo tan específicos de delitos contra la seguridad vial.

Clarke y Felson establecieron que "no existe ninguna clase de delito donde la oportunidad no cumpla su papel".

## 21. LA NEUROSIS DE RENTA... APLICADA A LOS SINIESTROS VIALES

Porque son realmente interesantes. Para que ustedes conozcan las motivaciones que llevan a una persona a fingir o creerse protagonista necesario de un siniestro vial.

Si ya es difícil la valoración del daño cuando es físico, mucho más cuando se trata de un daño psíquico (interno) en la mente del sujeto. Y en el caso de las neurosis de renta para no confundirlas con las simulaciones. La neurosis de renta se incluye en la clasificación internacional de enfermedades, tanto en el DSM IV como en el CIE 10. Es un trastorno mental que se puede definir como la «producción intencionada de síntomas físicos o psicológicos desproporcionados o falsos motivados por incentivos externos como por ejemplo evitar un trabajo u obtener una compensación económica». Es una simulación inconsciente en la cual el paciente siente los síntomas de la enfermedad. Por un lado tenemos la neurosis como componente de trastorno mental y por otro la renta como la postura del enfermo que siente que ha de ser indemnizado. Se destacan, como es obvio, en aquellas zonas geográficas donde la legislación contempla indemnizaciones.

En el ámbito de los siniestros viales se manifiesta en aquellas personas que lo han sufrido y que son propensas a denunciar, exagerando inconscientemente su incapacidad laboral, que se puede prolongar por un tiempo bastante extenso, sobreexagerando sus dolencias y secuelas, convirtiendo su conducta en una actividad paranoide que busca obtener el máximo beneficio económico, a través de la indemnización. Es evidente que la persona que sufre neurosis de renta arrastra un trastorno de la personalidad previo, anterior al siniestro.

Hay que distinguirla de la simulación porque ésta consiste en la producción voluntaria de síntomas psíquicos o físicos falsos o exagerados, motivados por la consecución de algún objetivo, como la obtención de compensaciones económicas.

Son características del que sufre neurosis de renta: el deseo inconsciente de estar enfermo, adaptándose al proceso sin problema, sufre un trastorno de personalidad, es querulante, quejica y exigente, exagera los síntomas, refiere la aparición de nuevas lesiones y busca una segunda opinión médica, repite constantemente el siniestro en sueños, pensamientos o conversaciones y se muestra muy preocupado por ser informado y atendido. En el simulador: su deseo es aparentar la enfermedad, finge para ello, no coopera con las pruebas médicas y pone excusas, alega no poder trabajar pero realiza deportes u otras actividades, sobretodo cuando no se siente observado.

## 22. LOS DELITOS CONTRA LA SEGURIDAD VIAL

## NORMAS GENERALES DE ACTUACIÓN

Las Policías que instruyen diligencias por delitos contra la seguridad vial, no sólo deben utilizar unos modelos de atestados que les facilite su labor, sino muy especialmente deben tener presente la finalidad que se persigue, esto es, acreditar la comisión de los delitos o faltas, la responsabilidad civil derivada de los mismos para amparar a las víctimas, la observancia de las garantías legales y la información a los interesados. De esta forma podrán prever las particularidades concretas que puedan presentarse en la práctica, y se observará lo dispuesto en el Código Penal.

Los contenidos básicos o esquemas que a continuación se exponen, tratan de responder a los interrogantes de lo que el funcionario policial tiene que tener presente al confeccionar estos atestados, y además la razón de ser de los mismos, el por qué ha de practicarse una determinada diligencia, y qué es lo que los Tribunales, perjudicados y detenidos esperan encontrar en ellos como exigencia de la Justicia.

En el supuesto de conducción temeraria (Art. 380), identificar a las personas cuya vida o integridad física hubiese sido puesta en peligro, haciendo constar las circunstancias de la conducción.

En el caso de alteración de la seguridad del tráfico (Art. 385), reseñar los obstáculos, identificar las sustancias deslizantes y clase de señalización dañada, poniendo todo ello en relación con el peligro generado.

Información sobre la situación económica del presunto autor del hecho delictivo, haciendo constar trabajo que desempeñe, ingresos que obtenga, cargas familiares, y datos que en su relación sean relevantes para que puedan ser tenidos en cuenta por los Tribunales en la determinación de la pena de multa pueda corresponder (Art.. 50 del C.P.)

## TIPOS PENALES DEL CÓDIGO PENAL

## DELITO POR EXCESO DE VELOCIDAD

Viene regulado en el Artículo 379 del Código Penal:

«1. El que condujere un vehículo de motor o un ciclomotor a velocidad superior en sesenta kilómetros por hora en vía urbana o en ochenta kilómetros por hora en vía interurbana a la permitida reglamentariamente, será castigado con la pena de prisión de tres a seis meses o con la de multa de seis a doce meses o con la de trabajos en beneficio de la comunidad de treinta y uno a noventa días, y, en cualquier caso, con la de privación del derecho a conducir vehículos a motor y ciclomotores por tiempo superior a uno y hasta cuatro años.»

Los atestados que elaboren los miembros de las Fuerzas y Cuerpos de seguridad deben contener las circunstancias de la vía, meteorológicas, densidad del tráfico, riesgos concurrentes, etc. Así como una descripción con fotografías de la señal, ubicación, visibilidad y estado material.

También deberán indicarse las características del vehículo y las circunstancias del conductor a efectos de determinar las limitaciones de velocidad aplicables. Se adjuntará, en su caso, un informe del titular de la vía o responsable de la señalización sobre el procedimiento y antecedentes para realizarla.

No existe limitación de medios de prueba sobre los hechos delictivos. Estos podrán investigarse no sólo con instrumentos de detección sino con otros como informes técnicos donde conste datos relativos a huellas de frenada, declaraciones testificales e incluso la confesión del implicado.

Cuando se trate de señalización de límites de velocidad específicos, se tendrá en cuenta tanto a la señalización permanente como la variable que obedezca a legítimas finalidades de fluidez y control del tráfico. Cabe recordar que la limitación de velocidad para el conductor novel ya no existe, siendo de aplicación para éste los límites generales.

En los supuestos de la investigación policial que solamente se disponga de la matrícula y propietario del vehículo, se promoverá una investigación en profundidad de la autoría de los hechos constitutivos de delito.

En el atestado es imprescindible que se incluya el Informe de Verificación del cinemómetro. Además, se debe tener en cuenta el margen de error -del 3% al 10%- de tales instrumentos. Para mayor información consultar la Orden ITC/3123/2010, de 26 de noviembre, por la que se regula el control metrológico del Estado de los instrumentos destinados a medir la velocidad de circulación de vehículos a motor.

Mención especial merece la calificación del límite de velocidad establecido a efectos penales cuando el exceso de velocidad se realiza en travesías. Se plantea la duda sobre aplicar el límite penal de superar en 60 o en 80 km/h. la velocidad establecida, por lo que como norma general, atendiendo a la definición del ANEXO I de la Ley de Seguridad Vial, las travesías son vías interurbanas. Por el contrario, las vías urbanas son toda vía pública situada dentro de poblado, excepto las travesías.

## DELITO POR CONDUCIR BAJO LA INFLUENCIA DE BEBIDAS ALCOHÓLICAS, DROGAS TOXICAS O TASA SUPERIOR A 0,60 MG/L

Es el segundo apartado que regula el Artículo 379 del Código Penal. A tal efecto establece:

«2. Con las mismas penas será castigado el que condujere un vehículo de motor o ciclomotor bajo la influencia de drogas tóxicas, estupefacientes, sustancias psicotrópicas o de bebidas alcohólicas. En todo caso será condenado con dichas penas el que condujere con una tasa de alcohol en aire espirado superior a 0,60 miligramos por litro o con una tasa de alcohol en sangre superior a 1,2 gramos por litro.».

Esta nueva redacción incluye una tasa objetiva basada en un juicio de peligrosidad, por lo que no es preciso acreditar influencia, maniobra irregular, ni signos de embriaguez. Subsiste el delito de conducción bajo la influencia de bebidas alcohólicas para los casos de tasas inferiores acompañadas de otros datos probatorios o para cuando no se cuenta con pruebas de detección o éstas carecen de validez jurídica. Por encima de 0.60 mg/l de de alcohol en aire espirado no será preciso otros elementos de prueba, aunque no se aprecien signos de influencia alcohólica en el sometido. Sin embargo, es conveniente incluir la diligencia de signos externos de embriaguez y circunstancias de la conducción, aunque no la exija el tipo penal (artículo 299 LECrim), y ante todo observar el estricto cumplimiento a los establecido en el artículo 14 de la Ley de Seguridad Vial y los artículos 20-26 (27 y 28 sobre drogas) del Reglamento General de Circulación.

Por último, es requisito fundamental incluir en las diligencias del atestado el informe de verificación periódica del etilómetro y tener en cuenta el margen de error de tales instrumentos (Orden ITC/3707/2006, de 22 de noviembre, por la que se regula el control metrológico del Estado de los instrumentos destinados a medir la concentración de alcohol en el aire espirado), como sucedía en la investigación de los excesos de velocidad penales.

A tal efecto, los errores que deben aplicarse pueden ser de dos tipos, dependiendo de la antigüedad o revisión de los etilómetros:

a) En etilómetros que se encuentran durante su primer año de servicio y que no hayan sido reparados o modificados, el error es del 5% (0.03), por tanto el valor medio ha de ser igual o superior a 0.64 mg/l para que se cumpla el tipo sólo por la tasa.

b) En etilómetros que llevan más de un año en servicio o han sido reparados o modificados el error es del 7.5 % (0.045), por tanto el valor medido ha de ser igual o superior a 0.65 mg/l para que se cumpla el tipo sólo por la tasa.

## DELITO POR CONDUCIR CON TEMERIDAD MANIFIESTA

El Artículo 380 del Código Penal establece:

«1. El que condujere un vehículo a motor o un ciclomotor con temeridad manifiesta y pusiere en concreto peligro la vida o la integridad de las personas será castigado con las penas de prisión de seis meses a dos años y privación del derecho a conducir vehículos a motor y ciclomotores por tiempo superior a uno y hasta seis años.

2. A los efectos del presente precepto se reputará manifiestamente temeraria la conducción en la que concurrieren las circunstancias previstas en el apartado primero y en el inciso segundo del apartado segundo del artículo anterior.»

El Artículo 381 del Código Penal tipifica un supuesto agravado de conducción temeraria:

«1. Será castigado con las penas de prisión de dos a cinco años, multa de doce a veinticuatro meses y privación del derecho a conducir vehículos a motor y ciclomotores durante un período de seis a diez años el que, con manifiesto desprecio por la vida de los demás, realizare la conducta descrita en el artículo anterior.

2. Cuando no se hubiere puesto en concreto peligro la vida o la integridad de las personas, las penas serán de prisión de uno a dos años, multa de seis a doce meses y privación del derecho a conducir vehículos a motor y ciclomotores por el tiempo previsto en el párrafo anterior.

Una gran parte de estos comportamientos de conducción temeraria tienen la consideración de infracción administrativa por falta de algún elemento del tipo para elevarlos a la categoría penal.

## DELITO POR NEGATIVA A SOMETERSE A LA PRUEBA DE ALCOHOLEMIA O DROGAS TÓXICAS, ESTUPEFACIENTES Y SUSTANCIAS PSICOTRÓPICAS

El Artículo 383 del Código Penal regula lo que, antes de la reforma, era un delito de desobediencia en el que se exigía influencia alcohólica.

«El conductor que, requerido por un agente de la autoridad, se negare a someterse a las pruebas legalmente establecidas para la comprobación de las tasas de alcoholemia y la presencia de las drogas tóxicas, estupefacientes y sustancias psicotrópicas a que se refieren los artículos anteriores, será castigado con la pena de prisión de seis meses a un año y privación del derecho a conducir vehículos a motor y ciclomotores por tiempo superior a uno y hasta cuatro años.»

Por último, recordar que siempre hay que incluir la diligencia de síntomas de embriaguez o drogas en los atestados que se confeccionen por conducir bajo la influencia de bebidas alcohólicas o que haya ingerido o incorporado a su organismo drogas tóxicas o estupefacientes, o se encuentre bajo los efectos de medicamentos u otras sustancias que alteren el estado físico o mental apropiado para hacerlo sin peligro, y en los de negativa a efectuar las pruebas para su detección.

### DELITO POR CONDUCIR SIN PERMISO O LICENCIA

El Artículo 384 del Código Penal regula esta conducta y castiga a:

«El que condujere un vehículo de motor o ciclomotor en los casos de pérdida de vigencia del permiso o licencia por pérdida total de los puntos asignados legalmente, será castigado con la pena de prisión de tres a seis meses o con la de multa de doce a veinticuatro meses o trabajos en beneficio de la comunidad de treinta y uno a noventa días.

La misma pena se impondrá al que realizare la conducción tras haber sido privado cautelar o definitivamente del permiso o licencia por decisión judicial y al que condujere un vehículo de motor o ciclomotor sin haber obtenido nunca permiso o licencia de conducción.»

Se pueden distinguir tres supuestos:

1. Conducir sin haber obtenido nunca permiso o licencia de conducción.

2. Conducir habiendo perdido la vigencia del permiso o licencia por pérdida total de los puntos asignados legalmente.

3. Conducir habiendo sido privado cautelar o definitivamente del permiso o licencia por decisión judicial.

Hay que excluir del ámbito de actuación por delitos contra la seguridad vial aquellos supuestos en que el conductor no posea permiso o licencia por falta de renovación, los permisos de conducir extranjeros de la CE que no alcanzan validez en España por falta de reconocimiento médicos o finalización del periodo de vigencia, los permisos de países no comunitarios, aquellos supuestos de falta de canje y por último los conductores que hayan sido privados del permiso o licencia por resolución administrativa.

El fundamento para la exclusión es que el artículo 384 habla de la obtención y no de la validez en nuestro derecho del permiso o licencia con la que se conduce. No se distingue si el permiso o licencia se ha obtenido dentro o fuera del territorio nacional. La expresión "nunca" refuerza esta interpretación. Es precisa la constancia de la autenticidad y validez del permiso o licencia extranjeros conforme a la legislación del país emisor, que debe cumplirse rigurosamente.

## DELITO POR ORIGINAR UN GRAVE RIESGO PARA LA CIRCULACIÓN

Regulado en el Artículo 385 del Código Penal, siendo el único delito del capítulo donde no es necesario ser conductor para cometerlo.

«Será castigado con la pena de prisión de seis meses a dos años o a las de multa de doce a veinticuatro meses y trabajos en beneficio de la comunidad de diez a cuarenta días, el que originare un grave riesgo para la circulación de alguna de las siguientes formas:

1. ª Colocando en la vía obstáculos imprevisibles, derramando sustancias deslizantes o inflamables o mutando, sustrayendo o anulando la señalización o por cualquier otro medio.

2. ª No restableciendo la seguridad de la vía, cuando haya obligación de hacerlo.»

En la confección de diligencias es muy importante realizar una inspección ocular lo más pormenorizada y precisa posible, donde se detallen los hechos y circunstancias específicas de cada caso, así como todo lo relacionado con el obstáculo, situación, dimensiones, zona de afección en la calzada, posibilidad de paso, distancia desde la que se puede apreciar el obstáculo (PPP – Punto de Percepción Posible), etc. Todo ello con incorporación del reportaje fotográfico del lugar de los hechos. Haciendo mención a las posibles situaciones de riesgo concreto que se han producido así como al riesgo abstracto.

## LA RETIRADA DE PUNTOS PARA CONDENADOS POR DELITOS CONTRA LA SEGURIDAD VIAL

Por curioso que parezca, la retirada de puntos del permiso o licencia de conducción, no se encuentra regulada como una pena cuando se comete un delito contra la seguridad vial. Esta práctica de condenar restando puntos del carné al enjuiciado ha sido llevada a cabo por algún que otro juzgado. Sin embargo, ante el recurso del delincuente vial la sentencia ha de ser anulada en este único detalle.

Y es que no existe ninguna norma legal a nivel penal -o sea en el Código Penal- donde se establezca que conducir un vehículo a motor o ciclomotor tras haber cometido delitos relacionados con drogas o alcoholemia, conducción temeraria, velocidad o similares (véase del Art. 379 al 385) sea susceptible de sanción con retirada de puntos.

Tiene su justificación ya que las penas que se pueden imponer en vía penal son la prisión, la multa o los trabajos en beneficio de la comunidad. Una de las tres, o incluso dos, pero no más, aunque eso sí, tenemos que sumarle la privación del derecho a conducir -aunque no en todos los delitos, como veremos- por un periodo de 1 a 4 años en la mayoría de los casos, aunque puede llegar a diez si se trata de conducción temeraria con manifiesto desprecio por la vida de los demás. Aunque lo común es que se prive a l condenado a 8 meses por temas de rebaja procesal en los juicios llamados rápidos y siempre que no existan antecedentes, algo que suele ocurrir casi siempre que hablamos de delitos contra la seguridad vial.

¿Qué cara tiene un delincuente vial? Pues la misma que usted o cualquiera de nosotros, por eso no es de extrañar la baja reincidencia. Los casos de alcoholismo crónico merecen un estudio más detallado.

La conducción bajo la influencia de drogas o alcohol, los excesos de velocidad y las conducciones temerarias, siempre que sean delictivas, llevan aparejada la privación del derecho a conducir por varios años. No ocurre lo mismo con los otros dos delitos contra la seguridad vial que se regulan en el mismo bloque. Hablamos de la colocación de obstáculos en la vía, algo que es lógico que no suponga la privación de conducir, porque precisamente es el único delito que se puede cometer directamente sin ser conductor.

Pero más extraño es el caso de la conducción careciendo de permiso o licencia, habiendo perdido todos los puntos o siendo privado por resolución judicial previamente. En estos casos, la condena no refleja la privación del derecho a conducir, cuando en realidad podría ser una verdadera media de política criminal vial encaminada a reforzar que conducir sin carné es delito. Podría el legislador pensar en la posibilidad de castigar este tipo de conducción con una pena que obligase al delincuente vial a obtener – en un plazo de tiempo razonable- el tan preciado carné que le habilita a encontrarse dentro de la ley y el respeto a la seguridad vial. En caso afirmativo, si el conductor acepta el reto y aprueba, éste podría experimentar una rebaja en la pena.

No olvidemos que todas estas infracciones sí que llevan aparejada la retirada de puntos cuando se cometen en vía administrativa, esto es cuando no es delito como ya hemos comentado. Por ejemplo, conducir con tasas de alcohol superiores a las permitidas puede suponer perder de 4 a 6 puntos, al igual que si se conduce de forma temeraria. Los excesos de velocidad también restan hasta 6 puntos.

## OTROS DELITOS RELACIONADOS CON LA SEGURIDAD VIAL

## DE LA OMISIÓN DEL DEBER DE SOCORRO

Regulado en el Artículo 195 del Código Penal.

«1. El que no socorriere a una persona que se halle desamparada y en peligro manifiesto y grave, cuando pudiere hacerlo sin riesgo propio ni de terceros, será castigado con la pena de multa de tres a doce meses.

En las mismas penas incurrirá el que, impedido de prestar socorro, no demande con urgencia auxilio ajeno.

Si la víctima lo fuere por siniestro ocasionado fortuitamente por el que omitió el auxilio, la pena será de prisión de seis meses a 18 meses, y si el siniestro vial se debiere a imprudencia, la de prisión de seis meses a cuatro años.»

El Artículo 196 del Código Penal regula la omisión profesional.

« El profesional que, estando obligado a ello, denegare asistencia sanitaria o abandonare los servicios sanitarios, cuando la denegación o abandono se derive riesgo grave para la salud de las personas, será castigado con las penas del artículo precedente en su mitad superior y con la de inhabilitación especial para empleo o cargo público, profesión u oficio, por tiempo de seis meses a tres años.»

Este delito no está dentro de los incluidos en el CP como de los delitos contra la seguridad vial, pero teniendo en cuenta que ha sido objeto de especial atención en las reuniones que llevan a cabo los Fiscales Delegados en Seguridad vial, no puede dejar de estudiarse cuando tratamos los delitos contra la seguridad vial.

## DEL HOMICIDIO IMPRUDENTE

En cuanto al homicidio y sus formas las figuras generales por homicidio y asesinato no tienen cabida en los delitos contra la seguridad vial, especialmente por siniestros viales, ya que en el caso de darse los requisitos generales se castigarían por ese motivo.

El Artículo 138 del Código Penal castiga al que matare a otro como reo de homicidio, con la pena de prisión de diez a quince años. Se agrava, por asesinato, como establece el Artículo 139 CP, con la pena de prisión de quince a veinticinco años, como reo de asesinato, el que matare a otro concurriendo alguna de las circunstancias siguientes: con alevosía, por precio, recompensa o promesa, con ensañamiento, aumentando deliberada e inhumanamente el dolor del ofendido, para facilitar la comisión de otro delito o para evitar que se descubra.

Cuando en un asesinato concurran más de una de las circunstancias, se impondrá la pena en su mitad superior.

Y entramos de lleno en el apartado donde tienen cabida las conductas relacionadas con el tráfico.

El Artículo 142 CP castiga al que por imprudencia grave causare la muerte de otro, como reo de homicidio imprudente, con la pena de prisión de uno a cuatro años. Cuando el homicidio imprudente sea cometido utilizando un vehículo a motor o un ciclomotor se impondrá asimismo la pena de privación del derecho a conducir vehículos a motor y ciclomotores de uno a seis años. Cuando el homicidio fuere cometido por imprudencia profesional se impondrá además la pena de inhabilitación especial para el ejercicio de la profesión, oficio o cargo por un período de tres a seis años.

## CIRCUNSTANCIAS COMUNES

En los delitos contra la seguridad vial, según prescribe el Art. 520 LECrim, el detenido puede renunciar a la asistencia letrada.

Dado que los menores de edad conducen de forma habitual ciclomotores y motocicletas de baja cilindrada, hay que tener en cuenta en la detención de estas personas, las particularidades del procedimiento en estos casos. Hacer mención a que los delitos contra la seguridad vial cometidos por menores de edad (entre 14 y 18 años, no se incluye a los que ya han cumplido los 18), el atestado se remitirá a Fiscalía.; y que los menores de 14 años están exentos de responsabilidad penal.

Se tendrá en cuenta siempre el principio de mínima intervención y protección del interés del menor. A ser posible hay que entregarlos a los padres, a los que siempre hay que procurar dar aviso. Fiscalía dirige personalmente la investigación. Es a ella a quien se presentan los menores detenidos y a quien se comunica cualquier incidencia o actuación.

En los casos que se traslade el vehículo a un depósito por la comisión de un delito contra la seguridad vial, los gastos del traslado y depósito siempre corresponde abonarlos al titular del mismo.

El Artículo 385 bis del Código Penal establece «El vehículo a motor o ciclomotor utilizado en los hechos previstos en este Capítulo se considerará instrumento del delito a los efectos de los artículos 127 y 128.» La norma que se está llevando a cabo es que el Fiscal valorará si es procedente o no interesar el comiso.


## NORMAS APLICABLES

**Real Decreto Legislativo 6/2015, de 30 de octubre (Texto Refundido de la Ley sobre Tráfico, Circulación de Vehículos a Motor y Seguridad Vial).**

- Artículo 14 Bebidas alcohólicas y drogas

**Real Decreto 1428/2003, de 21 de noviembre, por el que se aprueba el Reglamento General de Circulación.**

- Artículo 3. Conductores.

TÍTULO I. NORMAS GENERALES DE COMPORTAMIENTO EN LA CIRCULACIÓN. CAPÍTULO IV. NORMAS SOBRE BEBIDAS ALCOHÓLICAS.

- Artículo 20. Tasas de alcohol en sangre y aire espirado.

- Artículo 21. Investigación de la alcoholemia. Personas obligadas.

- Artículo 22. Pruebas de detección alcohólica mediante el aire espirado.

- Artículo 23. Práctica de las pruebas.

- Artículo 24. Diligencias del agente de la autoridad.

- Artículo 25. Inmovilización del vehículo.

- Artículo 26. Obligaciones del personal sanitario.

CAPÍTULO V. NORMAS SOBRE ESTUPEFACIENTES, PSICOTRÓPICOS,

ESTIMULANTES U OTRAS SUSTANCIAS ANÁLOGAS.

- Artículo 27. Estupefacientes, psicotrópicos, estimulantes u otras sustancias análogas.

- Artículo 28. Pruebas para la detección de sustancias estupefacientes, psicotrópicos, estimulantes u otras sustancias análogas.

**Ley Orgánica 10/1995, de 23 de noviembre, del Código Penal.**

- Capítulo IV. De los delitos contra la seguridad vial.

## 23. CONSECUENCIAS PENALES, CIVILES O ADMINISTRATIVAS DE LOS SINIESTROS VIALES

Teniendo en cuenta los distintos tipos de imprudencia y el resultado del siniestro vial podemos establecer tres tipos de responsabilidad en la que puede incurrir una persona al verse implicado en ellos.

### 1.-Consecuencias Penales:

Cuando alguien se ve implicado como autor en un siniestro vial y ese siniestro es fruto de una imprudencia, esta se puede catalogar como Grave, Menos Grave o Leve y en función de esa catalogación se podrá estar incurriendo en determinadas conductas perseguibles por vía penal (delito) o civil, con sus correspondientes efectos jurídicos (penas o medidas de seguridad).

En el caso de imprudencia grave o menos grave, se podría estar cometiendo un delito perseguible por vía penal. Dependiendo cada caso de las consecuencias de ese siniestro. Si son daños en las personas, en el caso de Homicidio ó Lesiones graves...supondrían penas de privación de libertad y privación del derecho a conducir. Si las lesiones son leves (no necesitan tratamiento médico o quirúrgico), independientemente de que la imprudencia fuese grave o leve, no se considerará como infracción penal y la reclamación de los daños será por vía civil.

Cuando al conductor se le considera únicamente causante de una imprudencia leve, se tramitará por vía civil, a tenor de la reforma operada en el Código Penal recientemente.

En el caso de que los daños sean materiales, se considerará delito cuando la imprudencia que ocasionó el siniestro fuera grave y la cuantía de los daños fuese superior a 80.000 euros. Si la imprudencia se considerase como leve, independientemente de la cuantía de los daños ocasionados, no se considerará que el hecho fuese perseguible por vía penal y la reclamación de los daños será por vía civil.

Por último la responsabilidad penal (consecuencias penales), derivada de la comisión de delitos contra la seguridad vial: conducción temeraria, alcoholemia, drogas, conducir sin permiso de conducción y negativa a someterse a las pruebas de detección alcohólica.

### 2.-Consecuencias Civiles:

Serán las relativas a la reclamación de daños por parte de las víctimas de un siniestro, tanto de daños materiales como de daños personales. Esta reclamación puede solucionarse con un acuerdo entre las partes. Ante esa falta de acuerdo también pueden llevarse a cabo a través de la jurisdicción civil (Juzgado de 1ª Instancia). Si bien, a diferencia de la jurisdicción penal, sólo se pueden pedir indemnizaciones pero no es posible solicitar la imposición de multas.

## 3.-Consecuencias Administrativas:

Serán las relativas a las sanciones por infracciones cometidas a la reglamentación de la normativa de tráfico, por parte del responsable del siniestro. Estas sanciones podrán ser pecuniarias, de pérdida de puntos y/o de pérdida o suspensión del permiso de conducir.

Esquema de apoyo:

http://www.carris.es/ESQUEMA%20SINIESTROS%20VIALES.pdf

# 24. CUANDO INSTRUIR ATESTADO POR SINIESTRO VIAL

Documentos de apoyo:

http://www.carris.es/ESQUEMA%20SINIESTROS%20VIALES.pdf

http://www.carris.es/aegc.jpg

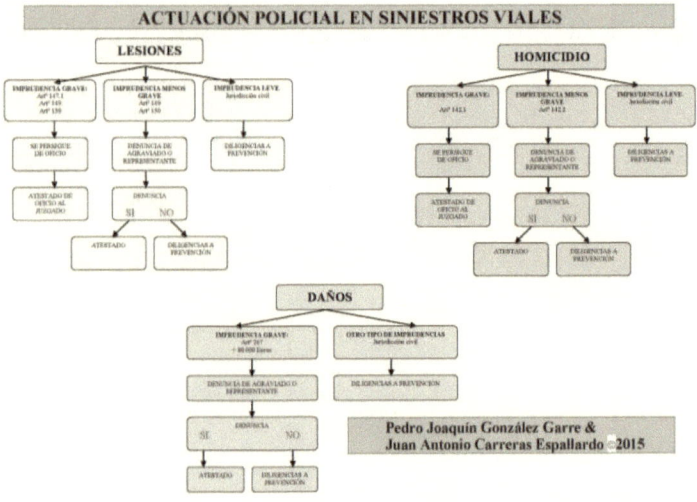

## 25. EL INFORME CRIMINOLÓGICO FORENSE VIAL

La necesidad del informe criminológico forense se justifica si tenemos en cuenta que los delitos contra la seguridad vial en España son de los delitos más juzgados en nuestros tribunales en torno al 65% del total de casos y recordar que, en palabras de Gunther Káiser, *en el tráfico viario todo conductor está próximo a la situación delictiva, cualquiera es un delincuente potencial; la línea entre delito o no, es muy próxima, la cual se puede cruzar en cualquier instante.* Siendo necesario ayudar de la mejor manera posible a ese conductor antisocial o delincuente vial que han de volver a resocializarse vialmente.

Es importante recordar que la víctima principal (siempre que no haya lesionados y/o homicidios imprudentes) es "la seguridad vial", entendiéndola como la protección de la seguridad colectiva, en la que todos formamos parte de ella, ya sea de una manera u otra. Considerándola como un derecho de todos los ciudadanos, vinculado a los derechos fundamentales de la vida y la integridad física y psíquica de las personas. Que gracias a la Ley Orgánica 15/2007 de

30 de Noviembre, se da un paso más en la protección de la seguridad vial, incrementando el control sobre el riesgo tolerable y considerar a los delitos contra la seguridad vial desde el peligro abstracto (no hace falta que se produzca lesión o daño, lo que se pena es la propia conducta en sí) hasta el desprecio por la vida de los demás en el tráfico rodado.

Por todo lo anterior, la realización del informe es para ofrecer la mejor respuesta punitiva al reo, tratando de examinar la etiología de la infracción penal y realizar en base a él un juicio pronóstico de reiteración o reincidencia delictiva que fundamente las peticiones del Ministerio Fiscal y las resoluciones judiciales. Haciendo hincapié en la presencia de conductas de riesgo anteriores a la perpetración del delito y a factores adicionales conocidos, siguiendo el modelo del Triple Riesgo Delictivo propuesto por Santiago Redondo.

Siendo sus principales objetivos, primero, comprobar la posible reincidencia del victimario y en un segundo lugar, dictaminar le mejor pena a imponer según los antecedentes expuestos en el informe.

## ANTECEDENES DEL INFORME

En el año 2011, el Fiscal de Sala de Seguridad Vial D. Bartolomé Vargas Cabrera junto con el centro Crímina perteneciente a la Universidad Miguel Hernández y la Policía Local de Elche, pusieron en marcha el proyecto para proponer los dictámenes periciales criminológicos en materia de seguridad vial. Que en el libro "Aspectos criminológicos en materia de seguridad vial[31]", Juan Antonio Carreras Espallardo, que participó en el proyecto anterior, presenta un ejemplo mejorado del informe criminológico. Este informe se tomará como base para la confección del presente informe criminológico.

El Fiscal de Sala cree de extraordinario interés la potenciación de los estudios criminológicos sobre delincuencia del tráfico en nuestro país, con recientes esfuerzos, pero aún rezagados respecto de otros de nuestra órbita cultural, como Inglaterra y Francia donde son comunes la realización de estos informes. Profundizar en las causas de los delitos y siniestros viales, significa colaborar a una justicia más humanizada y adecuada a la real entidad de los hechos

---

[31] Editorial Criminología y Justicia (2014). Coordinado por Juan Antonio Carreras Espallardo.

y a diseñar, en general respuestas más acertadas para la prevención de las graves tragedias que tienen lugar en las vías públicas.

## ¿QUÉ ES EL INFORME CRIMINOLÓGICO FORENSE?

EL informe criminológico forense, a rasgos generales, es un documento donde el criminólogo expone sus consideraciones tanto empíricas como teóricas relacionadas con un determinado delito, victimario y/o víctima; cuyo objetivo en el tribunal penal es el de ayudar a la mejor compresión de los hechos al juez, para que disponga información suficiente y clara para poder  condenar al reo a la mejor condena, dentro de las disponibles dentro del marco del Código Penal,  que le ayude a la reinserción vial.

Está regulado en el artículo 478[32] de la Ley de Enjuiciamiento Criminal (LECrim) donde nos

---

[32] Artículo 478 de la LECrim: El informe pericial comprenderá, si fuere posible: 1º Descripción de la persona o cosa que sea objeto del mismo, en el estado o del modo en que se halle. El Secretario extenderá esta descripción, dictándola los peritos y suscribiéndola todos los concurrentes. 2º Relación detallada de todas las operaciones

establece el contenido mínimo del mismo y quien lo realiza, encontrándose entre ellos el perito, en nuestro caso el criminológico.

El informe criminológico vial[33] contendrá un dictamen acorde a los resultados obtenidos y expondrá la mejor pena para el reo para su resocialización vial. Las penas que contendrán son la pena de prisión, multa o trabajos en beneficio a la comunidad[34] (normalmente conmutarán los TBCs con los talleres de seguridad vial-TASEVAL-), y esto es gracias a la alternatividad de las penas expuestas en los delitos contra la seguridad vial, así como también se puede establecer el comiso del vehículo como consecuencia accesoria.

El informe criminológico forense contendrá en su portada:

---

practicadas por los peritos y de su resultado, extendida y autorizada en la misma forma que la anterior. 3º Las conclusiones que en vista de tales datos formulen los peritos, conforme a los principios y reglas de su ciencia o arte.

[33] En adelante ICV-2.
[34] En adelante TBCs.

1. Título, que en nuestro caso será "Informe criminológico forense vial".
2. Número o clave de identificación.
3. Juzgado a quien vaya dirigido.
4. Identificación de los peritos criminólogos.
5. Identificación de la persona objeto del informe.

Según Climent, Garrido y Guardiola, el informe criminológico forense se estructura de la siguiente manera[35]:

1. Persona o entidad que solicita el informe.
2. Objeto del informe.
3. Referencia a la evidencia científica relevante para el objeto del peritaje.
4. Método:
   - ✓ Estrategia de investigación del objeto informe.
   - ✓ Instrumentos o material empleado.
   - ✓ Contexto temporal.
   - ✓ Procedimiento seguido.

---

[35]CLIMENT DURÁN, Carlos, GARRIDO GENOVÉS, Vicente y GUARDIOLA GARCÍA, Javier. El informe criminológico forense: teoría y práctica, Valencia, Tirant lo Blanch, 2012.

5. Resultados :

   ✓ Resultados de cada estrategia de investigación/instrumentos.

   ✓ Conclusiones con respecto a la pregunta formulada.

   ✓ Valoración final acorde con los resultados esperados; limitaciones y precauciones a tener en cuenta.

6. Referencias y otras fuentes.

Isabel German Mancebo[36] añade una cláusula de salvaguarda, la cual es:

7. "Las presentes conclusiones se refieren a los objetos demandados y a la aplicación de la metodología antes mencionada. Un cambio de las circunstancias o nuevos datos exigirán un nuevo análisis y podrían modificar los resultados".

La estructura básica expuesta anteriormente es la base de un informe criminológico forense, la cual tomaremos de base para la realización del ICV-2.

---

[36] GERMÁN MANCEBO, Isabel. «El informe criminológico: su interés y alcance en el ámbito judicial» en International E-Journal of Criminal Sciences, 2007, Núm. 7.

Tratándose de un informe de "carácter técnico"[37] en el que "se describe el estado de un problema desde una perspectiva científica"[38] con el objetivo de ofrecer una información útil que complemente la toma de decisiones en diferentes contextos.

## LA APLICACIÓN DEL MODELO TRD AL ICV-2:

Todo informe criminológico forense tiene que estar basado en evidencia científica, por eso, para la confección del ICV-2 nos basaremos en el *Modelo del Triple Riesgo Delictivo* (TRD) de Santiago Redondo[39], que sugiere que la probabilidad de que un individuo cometa delitos depende de la confluencia en él de influjos de riesgo correspondientes a:

- ✓ "Riesgos propios" de quienes actúan de modo antisocial.
- ✓ Carencias en el "apoyo prosocial" que los anteriores recibieron o reciben, y
- ✓ Exposición de los individuos a posibles oportunidades delictivas.

---

[37] Ídem.
[38] Ídem.
[39] Redondo, S. (2015). El origen de los delitos. Introducción al estudio y explicación de la criminalidad.

El modelo TRD pretende definir el riesgo delictivo basándose en los comportamientos antisociales y criminales, que en palabras de Gottfredson y Hirschi "suelen consistir en conductas de fuerza, engaño o peligro, con la finalidad de lograr un beneficio o satisfacción propios, pero sin considerar el daño o riesgo graves que pueda causarse a otros", y en las confluencias e interacciones de diversos factores de riesgos (individuales, sociales y ambientales).

Es importante tener en cuenta que el modelo no contradice las teorías tradicionales ni compite con ellas, ofreciendo una visión global del marco de la delincuencia, que intenta agrupar diversos procesos explicativos del comportamiento antisocial o delincuencial.

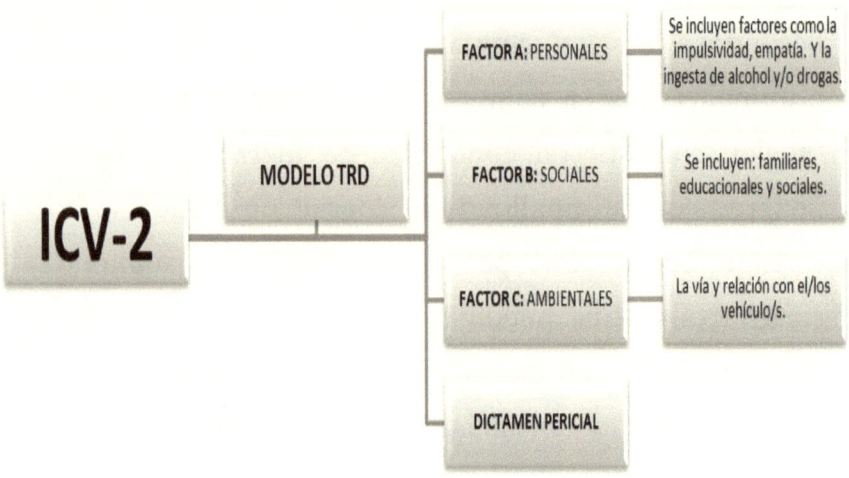

Figura 35: esquema básico del informe criminológico forense vial.

En las siguientes páginas se incluye un ejemplo de Informe criminológico siguiendo los pasos de elaboración comentados anteriormente.

Dirigido a: JUZGADO **completar datos de destino**

Expediente n° _____
Atestado n° _____

# INFORME CRIMINOLÓGICO FORENSE

## DELITOS CONTRA LA SEGURIDAD VIAL

FECHA DE LOS HECHOS.-

Fecha.- _____. Hora.- _____ h.

FECHA DEL INFORME.-

Fecha.- _____. Hora.- _____ h.

IMPLICADO.-

_____

PERITOS CRIMINÓLOGOS.-

- INSTRUCTOR: _____, con n° profesional _____.
- SECRETARIO: _____, con n° profesional _____.
- DESTINO PROFESIONAL: _____

ELABORADO POR EL OBSERVATORIO CRIMINOLÓGICO DE LA SEGURIDAD VIAL

**OBSERVATORIO DE CRIMINOLOGÍA VIAL**

## DATOS DE IDENTIFICACIÓN

| 1. NOMBRE | 2. APELLIDOS | 3. DNI: |
|---|---|---|
| | | |

| 4. FECHA NACIMIENTO | 5. NACIONALIDAD |
|---|---|
| | |

| 6. DOMICILIO |
|---|
| |

| 7. MUNICIPIO | 8. PROVINCIA | 9. TELÉFONO |
|---|---|---|
| | | |

## DATOS SOCIO DEMOGRÁFICOS

| 1. SEXO | 3. ESTADO CIVIL | 4. SITUACIÓN LABORAL: |
|---|---|---|
| ☐ Hombre | ☐ Soltero/a | ☐ Ama/o de casa |
| ☐ Mujer | ☐ Casado/a | ☐ Estudiante |
| 2. EDAD | ☐ Viviendo en pareja | ☐ Jubilado/pensionista |
| | ☐ Separado/a | ☐ En paro |
| | ☐ Divorciado/a | ☐ Trabajador contratado |
| | ☐ Viudo/a | ☐ Autónomo |
| | ☐ NC | ☐ Funcionario |

| 5. ESTUDIOS | 6. ECONÓMICOS | 7. FACTOR FAMILIAR |
|---|---|---|
| ☐ Sin estudios | ☐ Sin ingresos | ¿Dependen familiares de usted? |
| ☐ Graduado/E.S.O. | ☐ Menos del sueldo base. | ☐ SI |
| ☐ Bachillerato | ☐ Entre sueldo base y 1000 E. | ☐ NO |
| ☐ Formación Profesional | ☐ Más de 1000 E. | ¿Cuántos?_____ |
| ☐ Universitarios | | ¿Tipo de vivienda? |
| | | ☐ En propiedad |
| | | ☐ De alquiler |

[CUERPO POLICIAL]
[Dirección, ciudad, código postal]
Tel. [Teléfono]  Fax [Fax]  Email [email]

OBSERVATORIO DE
CRIMINOLOGÍA VIAL

## TIPOLOGÍA DELICTIVA COMETIDA

☐ 1. Conducción bajo la influencia de drogas o bebidas alcohólicas
☐ 2. Conducción temeraria
☐ 3. Omisión del deber de socorro
☐ 4. Negativa a sometimiento a pruebas legales
☐ 5. Conducción sin permiso de conducir
☐ 6. Otros:
☐ 9. NS /NC

## HISTORIAL DELICTIVO RELACIONADO CON LA SEGURIDAD VIAL

**ANTERIORMENTE, ¿HA COMETIDO MÁS DELITOS RELACIONADOS CON LA SEGURIDAD VIAL?**

☐ Sí.                    ☐ No.

**EN CASO DE QUE CONTESTE DE FORMA AFIRMATIVA PREGUNTAR: ¿PODRÍA ENUMERARLOS?**

☐ 1. Conducción bajo la influencia de drogas o bebidas alcohólicas

☐ 2. Conducción temeraria

☐ 3. Omisión del deber de socorro

☐ 4. Negativa a sometimiento a pruebas legales

☐ 5. Conducción sin permiso de conducir

☐ 6. Otros:

☐ 9. NS/NC

## HISTORIAL DELICTIVO COMÚN

**ADEMÁS DEL DELITO QUE SE LE IMPUTA, ¿ANTERIORMENTE HA COMETIDO ALGÚN DELITO?**

☐ Sí.                    ☐ No.

EN CASO DE QUE CONTESTE DE FORMA AFIRMATIVA PODRÍA DECIRME CUÁLES:

**¿TUVO ALGÚN TIPO DE CONSECUENCIA?**

☐ Sí.                    ☐ No.

**¿PODRÍA DECIRME CUÁL?**

**CONSULTADA LA BASE DE DATOS CONSTAN LOS SIGUIENTES:**

## SOBRE LA PENA O PENAS IMPUESTAS

**¿FUE CONDENADO POR ALGÚN HECHO DESCRITO ANTERIORMENTE?**

☐ Sí. ¿Qué delito?                                                    ☐ No.

**¿QUÉ TIPO DE PENA SE LE IMPUSO?**

☐ Cárcel, ¿duración?          ☐ Multa, ¿cuantía?          ☐ TBC, ¿Cuáles?

**¿LA PENA FUE?**

☐ Íntegramente cumplida          ☐ Suspendida          ☐ Prescribió

**¿COMPRENDIÓ EL SENTIDO DE LA PENA IMPUESTA?**

☐ SI                    ☐ NO

**¿LE SIRVIÓ EN EL FUTURO?**

☐ SI                    ☐ NO, ¿Por qué?

**OBSERVACIONES:**

**OBSERVATORIO DE CRIMINOLOGÍA VIAL**

## RELACIÓN CON EL VEHÍCULO

**DISPONE DE VEHÍCULO PROPIO**

☐ Sí.　　　　☐ No.

**¿DISPONE DE OTROS VEHÍCULOS DE LOS QUE PUEDA HACER USO, POR EJEMPLO DE FAMILIARES O AMIGOS?**

☐ Sí.　　　　☐ No.

**¿CUÁNTOS VEHÍCULOS DISPONE EL NÚCLEO FAMILIAR?**

**¿OTROS MIEMBROS DEL NÚCLEO FAMILIAR DISPONEN DE PERMISO EN VIGOR?**

☐ Sí.　　　　☐ No.　ESPECIFICAR:_____

**¿ACTUALEMENTE EJERCE ALGUNA PROFESIÓN QUE LE IMPLIQUE ESTAR MUCHAS HORAS CONDUCIENDO?**

☐ Sí. ¿Cuántas?_____　　　　☐ No.

**¿CUÁL ES SU USO HABITUAL DEL VEHÍCULO?**

☐ LO UTILIZO PARA TRABAJAR　　☐ DESPLAZARME/ REGRESAR DEL TRABAJO
☐ OCIO　　　　　　　　　　　　☐ OTROS:_____

**FRECUENCIA DE USO:**

☐ ENTRE 1 Y 2 DÍAS SEMANALES　　☐ ENTRE 3 Y 4 DÍAS SEMANALES
☐ ENTRE 5 Y 6 DÍAS SEMANALES　　☐ DIARIAMENTE

## CIRCUNSTANCIAS DEL HECHO

**CUANDO COMETIÓ EL DELITO ¿ESTABA CIRCULANDO POR UNA ZONA POR LA QUE HABITUALMENTE PASA?**

☐ Sí.　　　　☐ No.

**CUANDO COMETIÓ EL DELITO VENÍA DE:**

☐ 1. una fiesta o celebración

☐ 2. una reunión de trabajo

☐ 3. otro (indicar cual):

☐ 9. NS/NC

**CUANDO COMETIÓ EL DELITO SE DIRIGÍA A:**

☐ 1. una fiesta o celebración

☐ 2. una reunión de trabajo

☐ 3. otro (indicar cual):

**OBSERVATORIO DE CRIMINOLOGÍA VIAL**

| ☐ 9. NS/NC |
|---|
| **¿CONOCÍA EL TRAYECTO DONDE SE LE IMPUTÓ EL DELITO?** |
| ☐ Si.                    ☐ No. |

## CONSUMO DE DROGAS-TEST DAST-10

| Nº | ÍTEM | SI | NO |
|---|---|---|---|
| 1 | ¿Has consumido algún tipo de drogas sin prescripción médica? | | |
| 2 | ¿Has consumido más de una droga al mismo tiempo? | | |
| 3 | ¿Siempre que quiere es capaz de dejar de consumir drogas? | | |
| 4 | ¿Has tenido pérdidas de memoria o le han aparecido imágenes del pasado como consecuencias de su consumo de drogas? | | |
| 5 | ¿Se ha sentido mal consigo mismo, o culpable por su consumo de drogas? | | |
| 6 | ¿Su cónyuge, padres, o familiares suelen quejarse de su consumo de drogas? | | |
| 7 | ¿Ha desatendido a su familia a consecuencia de su consumo de drogas? | | |
| 8 | ¿Has realizado alguna actividad ilegal para obtener las drogas? | | |
| 9 | ¿Ha notndo síntomas de abstinencia cuando deja de consumir drogas? | | |
| 10 | ¿Ha tenido problemas de salud como consecuencia del consumo de drogas? (ej. Pérdida de memoria, hepatitis, convulsiones, hemorragias, etc.) | | |

| SIN PROBLEMAS | NIVEL BAJO | NVEL MODERADO | NIVEL SUSTANCIAL | NIVEL SEVERO |
|---|---|---|---|---|
| | | | | |

**OBSERVATORIO DE CRIMINOLOGÍA VIAL**

## CONSUMO DE ALCOHOL-TEST AUDIT

1. ¿Con qué frecuencia consume alguna bebida alcohólica?
(0) Nunca (Pase a las preguntas 9-10)
(1) Una o menos veces al mes
(2) De 2 a 4 veces al mes
(3) De 2 a 3 veces a la semana
(4) 4 o más veces a la semana

2. ¿Cuántas consumiciones de bebidas alcohólicas suele realizar en un día de consumo normal?
(0) 1 o 2
(1) 3 o 4
(2) 5 o 6
(3) 7, 8, o 9
(3) 10 o más

3. ¿Con qué frecuencia toma 6 o más bebidas alcohólicas en un solo día?
(0) Nunca
(1) Menos de una vez al mes
(2) Mensualmente
(3) Semanalmente
(4) A diario o casi a diario
*Pase a las preguntas 9 y 10 si la suma total de las preguntas 2 y 3 = 0*

4. ¿Con qué frecuencia en el curso del último año ha sido incapaz de parar de beber una vez había empezado?
(0) Nunca
(1) Menos de una vez al mes
(2) Mensualmente
(3) Semanalmente
(4) A diario o casi a diario

5. ¿Con qué frecuencia en el curso del último año no pudo hacer lo que se esperaba de usted porque había bebido?
(0) Nunca
(1) Menos de una vez al mes
(2) Mensualmente
(3) Semanalmente
(4) A diario o casi a diario

6. ¿Con qué frecuencia en el curso del último año ha necesitado beber en ayunas para recuperarse después de haber bebido mucho el día anterior?
(0) Nunca
(1) Menos de una vez al mes
(2) Mensualmente
(3) Semanalmente
(4) A diario o casi a diario

7. ¿Con qué frecuencia en el curso del último año ha tenido remordimientos o sentimientos de culpa después de haber bebido?.
(0) Nunca
(1) Menos de una vez al mes
(2) Mensualmente
(3) Semanalmente
(4) A diario o casi a diario

8. ¿Con qué frecuencia en el curso del último año no ha podido recordar lo que sucedió la noche anterior porque había estado bebiendo?
(0) Nunca
(1) Menos de una vez al mes
(2) Mensualmente
(3) Semanalmente
(4) A diario o casi a diario

9. ¿Usted o alguna otra persona ha resultado herido porque usted había bebido?
(0) No
(2) Si, pero no en el curso del último año
(4) Si, el último año

10. ¿Algún familiar, amigo, médico o profesional sanitario ha mostrado preocupación por su consumo de bebidas alcohólicas o le han sugerido que deje de beber?
(0) No
(2) Si, pero no en el curso del último año
(4) Si, el último año.

| TOTAL | | NIVEL DE RIESGO | N.I. | | N.II. | | N.III. | | N. IV. | |

[CUERPO POLICIAL]
[Dirección, ciudad, código postal]
Tel. [Teléfono]  Fax [Fax]  Email [email]

**OBSERVATORIO DE CRIMINOLOGÍA VIAL**

## HISTORIA DE TRASTORNO DE PERSONALIDAD O MENTAL

¿EN ALGÚN MOMENTO DE SU VIDA SE LE HA DIAGNOSTICADO ALGÚN TIPO DE TRASTORNO DE PERSONALIDAD Y/O MENTAL? POR EJEMPLO: ANSIEDAD, DEPRESIÓN, ESQUIZOFRENIA, PSICOSIS, ETC.

☐ Sí.                    ☐ No.

EN CASO DE QUE CONTESTE DE FORMA AFIRMATIVA PODRÍA DECIRME CUÁLES:

Página 8

216

**OBSERVATORIO DE CRIMINOLOGÍA VIAL**

## TEST DE IMPULSIVIDAD DE BARRATT

| Nº | PREGUNTA | Raramente O nunca (0) | Ocasional-mente (1) | A menudo (3) | Siempre O casi siempre (4) | N | M | C |
|---|---|---|---|---|---|---|---|---|
| 1 | Planifico mis tareas con cuidado | | | | I | | | |
| 2 | Hago las cosas sin pensarlas | | | | | | | |
| 3 | Casi nunca me tomo las cosas a pecho (no me perturbo con facilidad) | | | | | | | |
| 4 | Mis pensamientos pueden tener gran velocidad (tengo pensamientos que van muy rápido en mi mente) | | | | | | | |
| 5 | Planifico mis viajes con antelación | | | | I | | | |
| 6 | Soy una persona con autocontrol | | | | I | | | |
| 7 | Me concentro con facilidad (se me hace fácil concentrarme) | | | | I | | | |
| 8 | Ahorro con regularidad | | | | I | | | |
| 9 | Se me hace difícil estar quieto/a por largos periodos de tiempo | | | | | | | |
| 10 | Pienso las cosas cuidadosamente | | | | I | | | |
| 11 | Planifico para tener un trabajo fijo (me esfuerzo por asegurarme de que tendré dinero para pagar mis gastos) | | | | I | | | |
| 12 | Digo las cosas sin pensarlo | | | | | | | |
| 13 | Me gusta pensar sobre los problemas complicados (me gusta pensar sobre problemas complejos) | | | | I | | | |
| 14 | Cambio de trabajo frecuentemente (no me quedo en el mismo trabajo por largos periodos de tiempo) | | | | | | | |
| 15 | Actúo impulsivamente | | | | | | | |
| 16 | Me aburro con facilidad tratando de resolver problemas en mi mente ( me aburre pensar en algo por demasiado tiempo) | | | | | | | |
| 17 | Visito al médico y a dentista con regularidad | | | | I | | | |
| 18 | Hago las cosas en el momento que se ocurren | | | | | | | |
| 19 | Soy una persona que piensa sin distraerme (puedo enfocar mi mente en una sola cosa por mucho tiempo) | | | | I | | | |
| 20 | Cambio de vivienda a menudo (me mudo con frecuencia o no me gusta vivir en el mismo sitio por mucho tiempo) | | | | | | | |
| 21 | Compro cosas impulsivamente | | | | | | | |
| 22 | Termino lo que empiezo | | | | I | | | |

217

| | | | | | | | | | | |
|---|---|---|---|---|---|---|---|---|---|---|
| 23 | Camino y me muevo con rapidez | | | | | | | | | |
| 24 | Resuelvo los problemas experimentando (resuelvo los problemas empleando una posible solución y viendo cómo funciona) | | | | | | | | | |
| 25 | Gasto en efectivo o crédito más de lo que gano (gasto más de lo que gano) | | | | | | | | | |
| 26 | Hablo rápido | | | | | | | | | |
| 27 | Tengo pensamientos extraños cuando estoy pensando (a veces tengo pensamientos irrelevantes cuando pienso) | | | | | | | | | |
| 28 | Me interesa más el presente que el futuro | | | | | | | | | |
| 29 | Me siento inquieto en clases o charlas (me siento inquieto/a si tengo que oír a alguien hablar demasiado tiempo) | | | | | | | | | |
| 30 | Planifico el futuro (me interesa más el futuro que el presente) | | | | | | | I | | |

## DICTÁMEN PERICIAL

**¿INTERVENCIÓN DEL PERMISO DE CONDUCIR?**

Se interviene: ☐ Si. // ☐ No.          P.T.:          I.C.:          I.M.:          I.N.P.:

**PENA PROPUESTA:**

☐ 1. Multa

☐ 2. Trabajos en beneficio de la comunidad

☐ 3. Prisión

☐ 4. Y Privación del derecho a conducir por (tiempo)

**¿SE PROPONE EL COMISO DEL VEHÍCULO?**

☐ Sí.                    ☐ No.

**¿EL VEHÍCULO QUEDA INMOVILIZADO?**

☐ Sí.                    ☐ No.          Lugar:

**¿PRONÓSTICO DE REINCIDENCIA DELICTIVA EN DELITOS CONTRA LA SEGURIDAD VIAL?**

☐ Sí.                    ☐ No.

**JUICIO DE PELIGROSIDAD:**

| ☐ Alto | ☐ medio-alto | ☐ medio | ☐ bajo-medio | ☐ bajo |
|---|---|---|---|---|

OBSERVATORIO DE
CRIMINOLOGÍA VIAL

**OBSERVACIONES:**

El presente Informe se ha estructurado siguiendo el Modelo Triple Riesgo Delictivo. Las presentes conclusiones se refieren a los objetos demandados y a la aplicación de la metodología antes mencionada. Un cambio de las circunstancias o nuevos datos exigirán un nuevo análisis y podrían modificar los resultados expuestos.

CONSTE Y CERTIFICO.

Fdo.: INSTRUCTOR N.I.P_____          Fdo.: SECRETARIO N.I.P_____

219

## 25. BIBLIOGRAFÍA

- Aebi, M. (2009) Self-Reportd Delinquency Surveys in Europe. En Assessing Deviance, Crime and prevention in Europe. Guyancourt-France: Grope European de Recherché sur les Normatives.
- Aluja, A., Rossier, J. Garcia, F., Angleitner. A., Kuhlman. M. & Zuckerman. M. (2006) A crosscultural shortened form of the ZKPQ (ZKPQ-50-cc) adapted to English, French, German, and Spanish languages. Personality and individual differences, 41.
- Ayar, A. (2006). Road rage, recognizing a psychological disorder. The journal of psychiatry & law.
- Britt, T. & Garrity, M. (2006). Attributions and personality as predictors of the road rage response. British Journal of Social Psychology.
- Burns, P.C. y Wilde, G.J.S. (1995) Risk taking in male taxi drivers: relationships among personality, observational data and driver record. Personality and individual differences, 18 (2).
- C'de Baca, J.; Miller, W. R.; Lapham, S. (2001). A multiple risk factor approach for predicting DWI recidivism. Journal of substance abuse treatment.
- Carreras, J.A. et all. (2014), Aspectos criminológicos en materia de seguridad vial, Ed.: Criminología y Justicia.
- Cellar, D.F., Nelson, Z.C, y Yorke, C.M. (2000). The five-factor model and driving behavior:

personality and involvement in vehicular accidents. Psychological reports, 86 (2).

- Clarke, R.V. y Felson, M., 1993 "Introductions Criminology, routine activity and rational choice. Advances.
- Cuello, J. y Mapelli, B. (2011). Curso de derecho penal. .Ed.: Tecnos.
- De la Luz, M. (2004) "Criminalidad femenina. Teorías y reacción social", Editorial Porrúa.
- Deffenbacher, J; Lynch, R; Filleti, L; Dahlen, E. & Oetting, E. (2003). Anger, aggression, risky behavior, and crash-related outcomes in three groups of drivers. Behaviour Research and Therapy.
- Dula, C. & Geller, E. (2003). Risky, aggressive, or emotional driving: addressing the need for consistent communication in research. Journal of Safety Research.
- Elander, J., West, R. y French, D. (1993). Behavioral correlates of individual differences in road-traffic crash risk: An examination of methods and findings. Psychological Bulletin, 113.
- Francisco, A.; Esteban, C.; Calatayud, C.; Pastor, J.C.; Alamar, B.; Medina, J.E. (2007) "La conducta social en el tráfico: fundamentos para la intervención". Ed.: Atittudes.
- Francisco, A.; Montoro, L.; Esteban, C. (2002) "La agresividad en la conducción". Ed.: Atittudes.
- Galovski, T.E., Malta, L.S. y Blanchard, E. (2002). Theories of aggressive driving en Road Rage. Dins Assessment and treatment of the angry, aggressive driver. Washington, DC. American Psychological Association.

- Garrido, V., Santiago, R. y Stangeland, P. (2013) Principios de Criminología. Ed.: Tirant lo Blanch.
- González, B. y Gómez, J.A. (2010) Conductores infractores, ¿Un perfil de conducta desviada?: Análisis de las diferencias y similitudes con una muestra de conductores de la población general. Revista Española de Investigación Criminológica Artículo 6, Número 8.
- González, B.; Gómez, J.A.; "Conductores infractores, ¿un perfil de conducta desviada? Revista Española de Investigación Criminológica, artículo 6, número 8, año 2010.
- González-Iglesias, B.; Gómez-Fraguela, J. A. (2010). Conductores infractores, ¿un perfil de conducta desviada?: Análisis de las diferencias y similitudes con una muestra de conductores de la población general. Revista Española de Investigación Criminológica: REIC.
- Herraiz, F. (2009). Descripción del perfil psicológico de los internos por delitos contra la seguridad del tráfico. Prensa.
- Kaiser, G., 1978, "Estudios de psicología criminal: delincuencia de tráfico y prevención general". Ed.:Espasa-Calpe.
- Lapham, S. C.; Stout, R.; Laxton, G.; Skipper, B. J. (2011). Persistence of Addictive Disorders in a First-Offender Driving While Impaired Population. Archives of General Psychiatry.
- Larrauri, E. (1992). La Herencia de la Criminología Crítica, Ed.: Siglo XXI. España.
- McMurran, M. (2011). Anxiety, alcohol intoxication, and aggression. Legal and Criminological Psychology.

- Middendorff, W.; 1976, "Estudios de psicología criminal: estudios sobre la delincuencia en el tráfico. Ed.: Espasa-Calpe.
- Nazif, J. y Pérez, G. (2009). La necesidad de establecer medidas coordinadas para la reducción de siniestros viales en América Latina y el Caribe. Boletín número 225.
- Nochajski, T. H.; Wieczorek, W. F. (2000). Driver characteristics as a function of DWI history. Proceedings from 15th International Conference on Alcohol, Drugs and Traffic Safety (ICADTS), Estocolmo, Suecia.
- Parker, D., Reason, J.T., Manstead, A.S.R. & Stradling, S.G. (1995). Driving errors, driving violations, and accident involvement. Ergonomics.
- Parkinson, B. (2001). Anger on and off the road. British journal of Psychology.
- Reason, J. T., Manstead, A., Stradling, S. y Baxter, J. S. (1990). Errors and violations on the roads: A real distinction? Ergonomics, 33, 1315-1332.
- Santiago, R. (2015), "El origen de los delitos: introducción al estudio y explicación de la criminalidad. Ed.: Tirant Humanidades.
- Seeling, E. "Tratado de Criminología", traducción de Rodríguez Devesa, J.M. Ed. Instituto de Estudios Políticos, Madrid. 1958.
- Serrano Maillo, A. (2003). Introducción a la criminología.UNED.
- Sharkin. B.S. (2004). Road Rage: risk factors assessment and intervention strategies. Journal of Counseling & Development.
- Shinar, D. & Compton, R. (2004). "Aggressive driving: an observational study of driver,

vehicle, and situational variables. Accident Analysis and Prevention.

- Shinar, D., (1998). "Aggressive driving: the contribution of the drivers and situation. Transportation Research part F.
- Stenglein, G. y A Sanchez, A. (2012) Condición femenina y delincuencia. Ed.: academia española.
- Sullman, M.; Gras, M.; Cunill, M.; Planes, M. & Font-Mayolas, S. (2007). Driving anger in Spain. Personality and individual differences.
- Tillmann, W.A; Hobbs G.E, (1949). The accident-prone automobile driver: a study of the psychiatric and social background.
- Yagüe, C. (2007) Mujeres en prisión. Intervención basada en sus características, necesidades y demandas. Revista Española de Investigación Criminológica Artículo 4, Número 5 (2007) ISSN: 1696-9219
- Yebra, D.; Benegas, J.M.; Serrano, J.V. (2009) "Los delitos contra la seguridad vial". Ed.: ASPEX.
- Zuckerman, M. (2006) Psychobiology of personality. Ed.: Cambridge University Press.
- Zuckerman, M., Kuhlman, M., Joireman, J., Teta, P., y Kraft, M. (1993). A comparison of three structural models for personality: The Big Three, the Big Five, and the Alternative Five. Journal of Personality and Social Psychology.

www.ingramcontent.com/pod-product-compliance
Lightning Source LLC
Chambersburg PA
CBHW030432290526
45786CB00001B/253